HAPPY
LIFE

VON WOHLFÜHLREZEPTEN
& BEWUSSTEM GENUSS

HAPPY LIFE

Kochbuch

VON WOHLFÜHLREZEPTEN
& BEWUSSTEM GENUSS

———

1000 GUTE GRÜNDE

Hölker Verlag

MINDFUL FOOD

CLEAN EATING

GENUSS IM ALLTAG

SLOW FOOD

ZERO WASTE

HAPPY MOOD FOOD

VEGAN FOOD

LIFE BALANCE

VORWORT

Was ist Glück? Und was macht ein Leben glücklich? Welche Zutaten ermöglichen ein erfülltes Leben? Diese Fragen bieten nicht nur Stoff für abendfüllende Diskussionen. Sie sind noch dazu abhängig von unzähligen Faktoren und nicht zuletzt vom jeweiligen Menschen.

Trotzdem – oder eigentlich sogar genau deswegen – haben wir unser zweites 1000-gute-Gründe-Buch genau diesen Fragen gewidmet. Denn mit unserer Initiative „1000 gute Gründe" haben wir es uns zum Ziel gesetzt, frische grüne Produkte mit Trendthemen wie Wohlfühlen, Achtsamkeit und Genuss zu einem gelungenen Gesamtpaket zu verbinden. Entstanden ist unser „Happy Life Kochbuch" mit Wohlfühlrezepten und Geschichten rund um bewussten Genuss.

In den Kapiteln des Buches erzählen zehn kreative Foodlover, was sie glücklich macht und wie sie ihr Leben bewusst genießen. Die Herangehensweise, die jede*r Gastautor*in dabei wählt, ist genauso individuell wie das Glück selbst: von Mindful Food, Slow Food, Happy Mood Food oder Vegan Food über Clean Eating oder Zero Waste bis hin zu Genuss im Alltag und Life Balance. Doch natürlich haben sie auch einige wichtige Dinge gemeinsam: Essen, bewusster Genuss und eine gesunde Balance spielen für sie alle eine große Rolle in einem glücklichen Leben. Dabei gewährt jede*r von ihnen den Leser*innen durch persönliche Rezepte und die eigenen Geschichten einen Einblick, wie unterschiedlich der Weg zum Glück sein kann.

Aber keine Sorge: Euch erwartet hier natürlich kein neues Ratgeber-Buch. Gemeinsam mit unseren kreativen Gastautor*innen möchten wir euch vielmehr inspirieren, Ideen geben und zum Nachmachen anregen. Dazu geben wir am Ende jedes Kapitels auch immer wieder kleine Do-good- und Feel-good-Tipps, mit denen ihr euer eigenes Leben und das eurer Umgebung vielleicht ein klein wenig schöner und glücklicher gestalten könnt. Wenn ihr Lust habt, probiert sie doch einfach mal aus. Wir sind gespannt auf eure Rückmeldungen!

Euer Team von „1000 gute Gründe"

MINDFUL FOOD

Mindful Food – das bedeutet, Mahlzeiten bewusst wahr-zunehmen und zu genießen. Denn oft essen wir neben-bei, unaufmerksam, zu hastig. Für Annelina ist es wichtig, achtsam, ganzheitlich, nachhaltig und mit viel Herz und Bauchgefühl durchs Leben zu gehen. Dazu gehört auch, nicht in der Vergangenheit, nicht in der Zukunft, sondern genau in dem Moment und im Hier und Jetzt zu sein und das Leben bewusst wahrzunehmen. Diese Lebenseinstel-lung überträgt sich auch auf ihre Ernährung, die auf einem achtsamen Umgang mit sich selbst und mit ihrer Umwelt basiert.

—————— WWW.ANNELINAWALLER.COM ——————

VON MOOD FOOD UND DEM BEWUSSTEN SEIN

Annelina bezeichnet sich selbst als „Conscious Creator". Der geläufige Begriff „Influencer" sei mittlerweile sehr negativ besetzt und bilde nicht ab, was sie mit ihrer Arbeit bewirken möchte: „Ich will meine Follower nicht einfach ‚beeinflussen'. Mir ist wichtig, was ich weitergebe. Das Bewusste begleitet mich schon immer; so bin ich groß geworden und möchte es heute teilen. So fand ich den Begriff ganz schön. Passend dazu habe ich meinen Podcast ‚Conscious Gangster' genannt – in diesem Titel ist die Achtsamkeit, aber eben auch meine andere Seite enthalten", erklärt Annelina.

In Annelinas Leben ist kein Tag wie der andere. „Pläne schränken mich eher ein, daher versuche ich, nicht so viele zu machen", sagt sie. Sie lebt im Moment und ist sehr flexibel; ein paar feste Eckpunkte gibt es in ihrem Alltag aber doch: Nach dem Aufwachen bewegt sich Annelina erst mal gerne und macht, je nachdem, wie sie sich fühlt, einen Spaziergang, Fitnessübungen oder Yoga. Danach arbeitet sie meist einige Stunden, kreiert Content und Rezepte. Dann ist Freizeit angesagt, die sie nach Lust und Laune sehr unterschiedlich gestaltet. Das Gleichgewicht zwischen Beruf und Privatleben ist ihr sehr wichtig: „Ich achte inzwischen auf eine Life-Work-Balance, bei der das Leben auch wirklich an erster Stelle vor der Arbeit steht."

VON GESUNDER ERNÄHRUNG ZUM BEWUSSTEN LEBEN

Den Zugang zum bewussten Leben findet Annelina über die Ernährung. Wegen gesundheitlicher Probleme muss sie schon als Teenager ein Jahr auf Zucker verzichten und sich intensiv mit ihrer Ernährung auseinandersetzen. Sie hört genau darauf, was ihrem Körper guttut, und lernt dadurch ganz selbstverständlich eine bewusstere Lebensweise kennen. „Wenn man sich so genau mit den Lebensmitteln, die man zu sich nimmt, befasst, kann man die Augen vor einigen Dingen nicht mehr verschließen." So geht für Annelina mit einem achtsameren Leben auch die Verantwortung für Umwelt und Tierwelt einher. „Das hat für mich eine sehr große Bedeutung. Ich versuche immer so zu handeln, dass ich es im Nachhinein nicht bereue und niemand zu Schaden kommt. Gleichzeitig versuche ich aber, meine Leichtigkeit und Freude nicht zu verlieren", sagt sie. Das bedeutet auch, jedes Handeln gut abzuwägen: „Wenn ich zum Beispiel in ferne Länder fliege, ist das schlecht für meinen ökologischen Fußabdruck. Gleichzeitig kann ich auf Reisen aber viel lernen, was ich hierzulande an meine Community weitergeben kann. Damit kann ich auch etwas bewegen. Wir sollten immer überlegen, welche Konsequenzen unser Handeln hat, für uns und unseren Planeten." Die bedachte Lebensweise hat einen unmittelbaren Einfluss auf Annelinas Wohlbefinden: „Ich werde sonst traurig, anders könnte ich gar nicht leben."

Ein Schlüsselerlebnis führt schließlich dazu, dass Annelina sich bis heute pflanzlich ernährt: Auf einer Reise durch Neuseeland ist sie auf der dringenden Suche nach Arbeit und landet schließlich bei einem Metzger. Nach den Erfahrungen in diesem Job möchte sie zunächst einen Monat auf Fleisch verzichten: „Ich dachte: Ich kann nicht mal sehen, wie das Tier stirbt, wie kann ich es dann essen?" Im darauffolgenden Monat informiert sie sich umfassend und entscheidet sich schließlich dazu, gänzlich auf tierische Produkte zu verzichten und vegan zu leben.

ERNÄHRUNG – DER SCHLÜSSEL ZU GESUNDHEIT, INTUITION UND GLÜCK

Mit der veganen Ernährung und darüber hinaus einem Verzicht auf verarbeitete Lebensmittel geht es Annelina sehr gut. „Ich habe dadurch so was wie ein High-Gefühl. Ich fühle jede meiner Zellen und es geht mir so gut", erklärt sie. „Mit allem, was wir konsumieren, nehmen wir Informationen auf. Je reiner und naturbelassener die Lebensmittel sind, desto reiner sind wir und desto mehr können wir auch auf unser Bauchgefühl hören." Dadurch wird Ernährung für Annelina zum Schlüssel zu Gesundheit, Intuition und Glück. „Wir essen jeden Tag und können kaum etwas so stark beeinflussen wie unsere Ernährung. Das kann wirklich glücklich machen!" Zu streng mit sich selbst ist sie aber auch nicht: „Ich esse auch mal ein Eis oder trinke einen Aperol. Früher musste es immer supergesund sein. Heute bin ich entspannter und die mentale Gesundheit ist für mich die Hauptsache." Annelina glaubt nämlich fest daran, dass wir nicht nur mit allem, was wir essen, sondern auch mit unseren Gedanken unseren Körper beeinflussen können. Daher sind ihrer Meinung nach zu viele Verbote ebenfalls ungesund.

MOOD FOOD – ESSEN, DAS GLÜCKLICH MACHT

Annelina entwickelt alle ihre Rezepte auf Basis der „Mood Food"-Theorie, die besagt, dass bestimmte Lebensmittel einen positiven Einfluss auf unsere Stimmung haben.

„Die Theorie geht davon aus, dass wir das Glückshormon Serotonin bilden, wenn wir möglichst viele Lebensmittel zu uns nehmen, in denen L-Tryptophan enthalten ist." Diese essenzielle Aminosäure ist vor allem in pflanzlichen Lebensmitteln wie Hülsenfrüchten, Soja und Datteln enthalten. „Das heißt, dass wir mit unserer Ernährung unsere Stimmung gezielt beeinflussen können", erklärt sie begeistert. Um sich glücklich zu essen, braucht es jedoch noch mehr: „‚Mood Food' kann schon viel bewirken, aber der mentale Aspekt von Essen ist auch nicht zu unterschätzen: Zu fühlen, dass ich mir mit meiner Ernährung etwas Gutes tue und gleichzeitig die Umwelt schone – das macht mich glücklich!" Annelinas liebstes „Mood Food" ist Tempeh (fermentierte Sojabohnen). Außerdem liebt sie saftige Orangen, Blaubeeren und Brokkoli, die alle echte „Glücklichmacher" sind.

YOGA – BALANCE FÜR KÖRPER, GEIST UND SEELE

Ein wichtiger Teil in Annelinas bewusstem Leben ist Yoga. Zunächst lernt sie Yoga im Fitnessstudio kennen und ist sofort begeistert. Sie entscheidet sich schnell, die Yogalehrer-Ausbildung zu machen. „Dabei habe ich gelernt, was Yoga eigentlich ist und wie es Balance für Körper, Geist und Seele bringt." Annelina lernt als Yogi, dass alles in der Welt miteinander verbunden ist, und spürt eine neue Verantwortung. „Als Yogi weiß ich, dass ich für alles in meinem Leben verantwortlich bin. Diese Verantwortung kann ich nicht abgeben, aber ich kann von ihr lernen und an ihr wachsen. Ich bin durch Yoga so viel stärker geworden – körperlich und mental."

HERAUSFORDERUNGEN IM ALLTAG

Auch in Annelinas Alltag ist es nicht immer ganz leicht, die achtsame Lebensweise beizubehalten. „Wenn ich viele gestresste Menschen um mich herum habe, muss ich sehr aufpassen, dass sich dieser Stress nicht auf mich überträgt. Und natürlich mach ich mir auch mal selbst Druck", erzählt sie. Ein regelmäßiger „Check-in" ermöglicht es ihr, in solchen Situationen wieder bei sich zu sein: „Dann atme ich einmal tief durch und versuche mich nicht in die Dinge reinzusteigern."

MINDFUL COMMUNITY

Hundertausende Instagram-User*innen und Blogleser*innen folgen Annelina durch ihren Alltag und lassen sich von ihr und ihren veganen Rezepten inspirieren. „Meine Follower sind für mich ein bisschen wie eine Familie, die aber doch komplett unbekannt ist", sagt Annelina. Dass mit ihrer Reichweite eine große Verantwortung einhergeht, weiß sie genau: „Deswegen ist es mir so wichtig, bewusst zu handeln und das große Ganze im Blick zu haben. Ich möchte nichts machen, das irgendjemandem schadet." Sie glaubt fest daran, dass ihre Community, in der es einen regen Austausch gibt, etwas bewegen kann: „Alle meine Follower sind ebenfalls Multiplikatoren, die einen großen Beitrag leisten können. Bewusstes Essen und Leben sind so wunderschöne Themen, und ich denke, wenn wir aufeinander achten, zuhören, voneinander lernen und offen sind für Neues, dann haben wir eine rosige Zukunft vor uns."

Do-good-Tipp

Zusammen sind wir weniger allein. Und wenn wir zusammenhalten, können wir Großes erreichen. Und wenn wir Großes erreichen wollen, achten wir auf unsere Umwelt und Mitwelt. Und wenn wir nachhaltig handeln und auf unsere Mitwelt achten, kann unsere Future Generation Riesiges erreichen.

Wir haben nur zwei Zuhause – unseren Körper und unseren Planeten!

Protein-Bliss-Bowl

FÜR 2 PORTIONEN

FÜR DIE BOWL:

6 kleine Kartoffeln

200 g Tempeh

200 g Kichererbsen (Glas)

3 EL Sojasoße

1 EL Smoked Chili

1 EL Tahin oder Sesamöl

1 EL Ahornsirup

2 Handvoll Blattspinat

10 Cherrytomaten

½ Zucchini

2 EL fermentiertes Gemüse, z. B. Kimchi, Gelbe oder Rote Bete

FÜR DAS DRESSING:

200 g Seidentofu

1 EL süßer Balsamico

4 Datteln

1 EL Sojasoße

1 TL Senf

Salz

frisch gemahlener schwarzer Pfeffer

AUSSERDEM:

schwarzer Sesam

Hefeflocken (optional)

1 Handvoll frische Petersilie

Zubereitungszeit: 45 Min.

Den Backofen auf 180 °C vorheizen.

Für die Bowl Kartoffeln gründlich waschen und halbieren. Tempeh würfeln. Die Kichererbsen im Sieb abspülen und abtropfen lassen.
Sojasoße, Smoked Chili, Tahin und Ahornsirup in einer Schüssel zu einer Marinade verrühren. Die Kartoffeln sowie Kichererbsen und Tempeh darin marinieren. Das marinierte Gemüse auf einem mit Backpapier ausgelegten Backblech verteilen. Das Backblech für 35 Min. in den Backofen geben.

Währenddessen den Spinat waschen, verlesen und in mundgerechte Stücke zupfen. Die Tomaten waschen und halbieren. Die Zucchini waschen und die Enden entfernen. Mithilfe eines Spiralschneiders in feine Streifen schneiden. Spinat, Tomaten, Zucchini und fermentiertes Gemüse in den Bowls anrichten. Das fertig gegarte Ofengemüse aus dem Backofen nehmen und ebenfalls auf die Bowls verteilen.

Für das Dressing alle Zutaten in einen Mixer geben und cremig pürieren. Der Mixer sollte stark genug sein, um die Datteln zu zerkleinern. Ansonsten hilft es, die Datteln zuvor in 100 ml Wasser einzuweichen oder auf einen anderen Süßstoff wie Ahornsirup zurückzugreifen.
Das Dressing auf zwei kleine Schälchen verteilen und in der Mitte der Bowls platzieren.

Mit Sesam und Hefeflocken bestreuen und mit Petersilie garniert servieren.

TIPP:
Den Inhalt der Bowls kannst du natürlich nach Lust und Laune variieren. Die Kartoffeln lassen sich zum Beispiel wunderbar durch Reis ersetzen und mit Kidneybohnen ergänzen.

Auberginen-Gnocchi

MIT MARINIERTEM TOFU

FÜR 4 PORTIONEN

FÜR DIE GNOCCHI:

1 Aubergine

2 Zwiebeln

3 Knoblauchzehen

75 ml Gemüsebrühe

75 ml Haferdrink

30 g Tahin

frisch geriebene Muskatnuss (optional)

1 kg Gnocchi

FÜR DEN TOFU:

200 g Tofu

2 EL Sojasoße

2 TL Ahornsirup

1 TL Sesamöl

1 Prise Knoblauchpulver

½ TL Paprikapulver (geräuchert)

Salz

frisch gemahlener schwarzer Pfeffer

AUSSERDEM:

3 Handvoll Blattspinat

1 Handvoll frische Petersilie

Zubereitungszeit: 50 Min.

Den Backofen auf 200 °C Umluft vorheizen.

Für die Gnocchi die Aubergine waschen und mit einer Gabel auf einer Seite einstechen. Aubergine, Zwiebeln und Knoblauch (beides ungeschält) in einer Auflaufform für ca. 40 Min. in den Backofen oder ca. 20 Min. auf den Grill geben.

Für den Tofu währenddessen aus Sojasoße, Ahornsirup, Sesamöl, Knoblauch- und Paprikapulver eine Marinade herstellen, mit Salz und Pfeffer würzen. Den Tofu in Würfel schneiden, mit der Marinade vermengen und ebenfalls ca. 20 Min. in einer ofenfesten Form in den Backofen oder auf den Grill geben. Nach 10 Min. wenden. Der Tofu kann alternativ auch in der Pfanne gebraten werden.

Sobald das Gemüse gar ist, Zwiebeln und Knoblauch aus ihrer Schale drücken und mit einem Löffel das Fleisch aus der Aubergine schaben. Alles in den Mixer geben. Gemüsebrühe, Haferdrink und Tahin zugeben und zu einer cremigen Soße pürieren. Mit Salz, Pfeffer und Muskatnuss würzen.

Die Gnocchi in Salzwasser ca. 2 Min. gar kochen, abgießen und mit der Soße sowie den gewaschenen und verlesenen Spinatblättern vermengen. Der Spinat wird sozusagen in der Soße „blanchiert".

Die Gnocchi mit dem Tofu und der Petersilie toppen und servieren.

CLEAN EATING

Der Konsum von Vollwertprodukten und die Vermeidung industriell verarbeiteter Lebensmittel bilden die Basis für den Ernährungstrend „Clean Eating". Adaeze leitet ihr Lebensgefühl „Naturally Good" davon ab: Es umfasst für sie aber nicht nur die Ernährung, sondern alle Bereiche des Lebens. Das kann ein Waldspaziergang sein, ein blumengeschmückter Frühstückstisch, eine Meditation oder eben eine liebevoll zubereitete Mahlzeit. „Clean Eating" bedeutet für Adaeze, für sich und ihren Körper das Beste herauszuholen und auf Nahrungsmittel zurückzugreifen, die möglichst naturbelassen sind. Sie ernährt sich so natürlich wie möglich, wählt Lebensmittel ohne Zusatzstoffe oder Konservierungsstoffe und kauft saisonal und regional ein.

WWW.NATURALLYGOOD.DE

GESUNDES ESSEN ALS AKT DER SELBSTLIEBE

Liebe und Wertschätzung für andere, aber vor allem auch für sich selbst, sind für Adaeze zwei zentrale Punkte, wenn es um das Thema Ernährung geht. Für sie gehen Selbstliebe und eine gesunde Lebensweise Hand in Hand: „Ich denke, dass es Teil eines wertschätzenden Umgangs mit mir selbst ist, meinem Körper etwas Gutes zu tun und mich gesund und dabei genussvoll zu ernähren", so Adaeze. Schon in jungen Jahren stellt sie fest, dass ihr saisonale und naturbelassene, „cleane" Lebensmittel ohne Zusatz- oder Konservierungsstoffe die meiste Energie und ein Maximum an Vitalstoffen liefern. Den Begriff „Clean Eating" findet sie selbst aber gar nicht so schön: „Das hört sich immer an, als ob der Teller leer wäre", sagt sie lachend. Clean Eating ist für Adaeze kein kurzlebiger Ernährungstrend und schon gar keine

Diät – Adaeze versteht es eher als Lebensgefühl: „Meine Oma hat mich ans Kochen und an Lebensmittel herangeführt, die man heute als ‚clean' bezeichnen würde. Damals war es ja völlig klar, dass man sich saisonal ernährt – und regional sowieso: Es gab ja nur das, was vor Ort auf den Feldern geerntet wurde. Zum Beispiel im Sommer Beeren und im Winter Kohlgemüse." Ihren Speiseplan nach dem Rhythmus der Natur auszurichten, findet Adaeze nur logisch, um die vollen Vitalstoffe der Lebensmittel auszuschöpfen – ohne lange Transportwege oder Mittel zur Haltbarmachung. „Das, was jetzt gerade hier frisch bei mir wächst und nicht lange transportiert wird, hält die meisten Nährstoffe für mich bereit. Daher empfehle ich immer, Obst und Gemüse aus regionalem Anbau zu kaufen."

OBST ALS SÜSSIGKEIT: KINDHEITSJAHRE IN NIGERIA

Adaeze, deren wohlklingender Vorname „Erste Tochter des Königs" bedeutet, interessiert sich früh für Lebensmittel und deren Zubereitung. Sie verbringt einige Jahre ihrer Kindheit in Nigeria, der Heimat ihres Vaters. „Dort stellte sich die Frage nach Convenience-Produkten einfach nicht. Alles, was zum Kochen benötigt wurde, kauften wir frisch auf dem Markt ein – große Supermärkte, Tiefkühlung oder gar Fast Food gab es nicht." Adaeze beschreibt die Zeit in Nigeria als entschleunigend – das Zubereiten der Mahlzeiten und das gemeinsame Essen sind etwas Besonderes, für das sich die Familie Zeit nimmt. Gefehlt hat ihr trotzdem nichts, sagt Adaeze: „Klar freuten wir Kinder uns auch mal über ein Päckchen mit Süßigkeiten aus Deutschland, aber das war eher die Selten-

heit. Dafür gab es unglaublich leckere Früchte
– Mangos, Ananas, Bananen oder Kokosnüsse
–, mit denen wir unseren Appetit auf Süßes auf
natürliche Weise stillen konnten."

„MITTEL ZUM LEBEN": FASZINATION LEBENSMITTEL

Als ganzheitliche Ernährungsberaterin und zer-
tifizierte Health & Life Coachin versteht Adaeze
„Lebensmittel" im wörtlichen Sinn – nämlich
als „Mittel zum Leben". Sie legt daher großen
Wert darauf, ihrem Körper möglichst viel Gutes, Stärkendes und Gesundes zuzuführen.
Nicht zuletzt, weil Sport und Bewegung für sie
eine wichtige Rolle spielen, liegt Adaeze schon
in Jugendjahren viel daran, zu verstehen, wie
bestimmte Nahrungsmittel Prozesse im Körper beeinflussen. Nachdem sie – zurück in
Deutschland – von zu Hause auszieht, widmet
sie sich weiter den Themen Ernährung und Kochen: „Lange bevor der Begriff ‚Meal Prep' in
aller Munde war, habe ich immer meine vorge-
kochten Gerichte zu Studienzeiten mit zur Uni
und später zur Arbeit genommen. Und auch
heute habe ich immer Nüsse oder einen Apfel
als kleinen Lifesaver in der Tasche, wenn ich unterwegs bin", erzählt sie. Das Bedürfnis, sich mit
dem, was sie isst, auseinanderzusetzen und zu
wissen, wie man sich gut und gesund ernährt,
wird bei Adaeze verstärkt, als sie selbst Mutter

wird. Vor 20 Jahren beginnt sie, sich noch in-
tensiver mit diesem Thema auseinanderzusetzen, und entdeckt „ihren" Demeter-Bauernhof,
auf dem sie nach wie vor einkauft. „Mir wurde
in dieser Zeit Bio-Qualität sehr wichtig und das
Wissen darüber, wie die Produkte vor Ort angebaut werden." Bei den gemeinsamen Mahlzeiten legt Adaeze Wert darauf, dass Kinder und
Erwachsene das Gleiche auf dem Teller haben.
Das Vorhaben, ihre Kinder so an gesunde Ernährung heranzuführen, ist ganz gut aufge-
gangen, findet sie. Natürlich ist es heute etwas
schwieriger, die Kinder sind mittlerweile 16 und
19 Jahre alt, selbstständiger und holen sich in
der Schule oder anderswo das, was sie eben
möchten. „Ich versuche da, gelassen zu bleiben,
und denke mir: Sie haben die gesunde Ernährung und das Wissen darüber ja mitbekommen,
und solange die Balance stimmt, ist für mich
alles in Ordnung. Aber manchmal fällt es mir
natürlich schwer, das Thema Fast Food nicht zu
kommentieren", lacht Adaeze. Auf gemeinsame
Mahlzeiten mit der Familie – im Rahmen dessen, was zeitlich mit „großen Kindern" möglich
ist – legt Adaeze nach wie vor großen Wert. Dabei geht es nicht nur darum, was auf den Teller
kommt, sondern auch um ein schönes Ambien-
te mit einem liebevoll gedeckten Tisch: „Bei uns
gibt es immer frische Blumen auf dem Tisch",
erzählt sie. „Unser Zuhause ist für mich ohne
frische Blumen nicht richtig lebendig."

SELBSTLIEBE ALS SCHLÜSSEL
ZUR GESUNDEN ERNÄHRUNG

Als Ernährungsberaterin hat Adaeze neben dem gesundheitlichen Aspekt der Nahrung selbstverständlich auch den Geschmack und die Umsetzbarkeit im Alltag im Blick: „Um ausgeglichen, zufrieden und glücklich zu leben und seine Ernährung dauerhaft in den Alltag integrieren zu können, ist es extrem wichtig, auf seine Bedürfnisse zu hören." Verbote in puncto Ernährung gibt es daher auch nicht bei Adaeze. „Ich habe eher den Anspruch, zu zeigen, dass es gar nicht schwer sein muss und obendrein noch total lecker ist, sich gesund zu ernähren." Das tut sie – auf ihrem Blog „Naturally Good", in Coachings, auf Instagram, in ihrem Podcast, mit ihrem Buch, bei Events und Retreats auf Mallorca und in Österreich, die sie mindestens einmal im Jahr anbietet.

Adaeze hat den Eindruck, dass gerade bei Frauen durch die beruflichen und privaten Pflichten die Wertschätzung für sich selbst in den Hintergrund rückt. Bei sich sein, auf seinen Körper hören, in sich hineinspüren und sich etwas Gutes tun – das gerät im Alltag oft in den Hintergrund. Daher liegen Adaeze die Themen Achtsamkeit und Selbstliebe am Herzen: Ihre 1:1-Coachings und ihre Retreats mit Workshops und Vorträgen zu gesunder Ernährung, Bewegung, Entspannung und Beauty sollen als bewusste Auszeiten dabei helfen, sich zu zentrieren, innezuhalten und seinen Bedürfnissen wieder mehr Raum zu geben. „Genau diese Balance ist es, die für eine tiefe innere Zufriedenheit sorgt und sich positiv auf Körper, Geist und Seele auswirkt", so Adaeze. „Denn erst wenn ich mich selbst liebe und ich mich selbst glücklich mache, kann ich das auch mit anderen Menschen teilen und auf andere Lebensbereiche übertragen."

GESUNDE ERNÄHRUNG IM ALLTAG

Doch wie lässt sich das, was man in malerischer Kulisse mit viel Zeit und Muße erlernt hat, praktisch in den Alltag integrieren? „Natürlich bedarf eine gesunde Ernährung einer gewissen Vorbereitung im Alltag, zum Beispiel durch Meal Prep für unterwegs oder die Arbeit", sagt Adaeze. Bei Schwierigkeiten oder Inkonsequenz empfiehlt sie, sich folgende Fragen zu stellen: Was ist mein übergeordnetes Ziel? Möchte ich auch später noch fit und aktiv sein und mein Leben selbstbestimmt gestalten können? Bin ich es mir wert, auf mich zu achten? Wie wichtig sind mir meine Gesundheit und meine Ernährung, und wie wichtig ist es mir in diesem Zusammenhang, etwas Gutes für mich zu tun? „Wenn man dann sagt, das ist mir wichtig, dann gibt es immer Wege, denn man weiß ja, wofür man es macht. Gesundheit ist ein Geschenk und unglaublich wertvoll." Passend dazu findet sich auf ihrem Blog ein Zitat von Paulo Coelho, das Adaeze zu ihrem Lebensmotto gemacht hat: „Eines Tages wirst du aufwachen und keine Zeit mehr haben für die Dinge, die du immer wolltest. Tu sie jetzt."

Feel-good-Tipp

FÜR MEHR ENERGIE

Wir alle kennen diese Tage, an denen wir morgens kaum aus dem Bett kommen und den ganzen Tag nicht richtig wach werden. Das muss aber nicht so sein! Diese Feel-good-Tipps helfen, dein Energielevel zu steigern:

1. Versuche dich täglich ein paar Minuten draußen zu bewegen. Besonders im Winter setzt uns der Mangel an Tageslicht zu. Regelmäßige Bewegung bringt außerdem den Stoffwechsel in Schwung.

2. Ernähre dich bunt und ausgewogen. Müdigkeit kann auch ein Ausdruck schlechter Ernährung sein. Zu viel Zucker sorgt für Blutzuckerschwankungen, die müde machen. Setze stattdessen lieber auf eine vollwertige, ausgewogene Ernährung und setze auf Zutaten der Saison.

3. Sei achtsam mit dir selbst: Sorgen und Ängste können viel Energie rauben. Zudem ist das Gedankenkarussell meist nicht zielführend. Befasse dich stattdessen mit positiven Glaubenssätzen. Gespräche mit lieben Menschen können außerdem Energie spenden und dich auf andere Gedanken bringen.

Hirse-Porridge
MIT ERDBEERKOMPOTT

FÜR 2 PORTIONEN
FÜR DAS PORRIDGE:

125 g Hirse

250 ml Pflanzenmilch,
z. B. Mandeldrink

½ TL Zimt

FÜR DAS KOMPOTT:

300 g Erdbeeren

2 EL Ahornsirup

1 Spritzer Zitronensaft

1 TL Zimt

1 TL weiße Chiasamen

AUSSERDEM:

1–2 EL Mandeln

Kokosflocken

Weiteres Obst nach Belieben,
z. B. Blau- oder Himbeeren

Zubereitungszeit: 15 Min.

Für das Porridge die Hirse gründlich abspülen. Mit der Pflanzenmilch und dem Zimt in einen Topf geben, zum Kochen bringen und bei geringer Hitze 5 Min. köcheln lassen. Porridge anschließend ca. 10 Min. ausquellen lassen.

In der Zwischenzeit für das Kompott die Erdbeeren waschen, putzen und vierteln. Erdbeeren mit Ahornsirup, Zitronensaft und Zimt in einem Topf erhitzen und leicht köcheln lassen. Sobald die Erdbeeren weich sind, die Temperatur herunterdrehen und abkühlen lassen. Anschließend das Kompott mit einem Pürierstab oder Mixer fein mixen. Zum Schluss Chiasamen unterrühren.

Das Porridge mit dem Erdbeer-Kompott anrichten und mit Mandeln, Kokosflocken und weiterem Obst garnieren.

Grünkohl-Curry

MIT KICHERERBSEN

FÜR 4 PORTIONEN

1 Zwiebel

4 Knoblauchzehen

1 Stück Ingwer (4 cm)

2 EL Kokosöl

1 TL Kurkuma

2 TL Currypulver

1 Prise Cayennepfeffer

350 g Kichererbsen (Glas)

400 ml Gemüsebrühe

200 ml Kokosmilch

6–7 Blätter Grünkohl

etwas Limettensaft

Salz

frisch gemahlener schwarzer Pfeffer

AUSSERDEM:

½ Bund frische Petersilie oder Koriander

Zubereitungszeit: 20 Min.

Zwiebel, Knoblauch und Ingwer schälen und fein hacken. Das Kokosöl in einen heißen Topf geben. Die Zwiebel zufügen und leicht anschwitzen. Nun Knoblauch, Ingwer, Kurkuma, Currypulver und Cayennepfeffer zufügen und ca. 2 Min. leicht anrösten.

Die Kichererbsen im Sieb abspülen und abtropfen lassen, mit der Gemüsebrühe und Kokosmilch zufügen. Alles bei mittlerer Hitze für 5–6 Min. köcheln lassen.

Währenddessen die Grünkohlblätter von den Stielen und den harten Blattrippen befreien. Dann gründlich waschen und grob zerpflücken. Grünkohlblätter zum Curry geben und für ca. 10 Min. einköcheln. Zum Schluss alles mit Limettensaft, Salz und Pfeffer würzen und nach Belieben mit frischer Petersilie oder Koriander garnieren.

TIPP:

Dazu passt brauner Naturreis.

No-Bake-Cheesecake

MIT ERDBEEREN

**FÜR EINE SPRINGFORM
(18 CM Ø)**

FÜR DEN TEIG:

100 g Walnüsse

60 g Kokosflocken

8 weiche Medjool Datteln

½ TL Vanillepulver

1 Prise Meersalz

FÜR DIE CREME:

200 g Cashewnüsse

200 ml Pflanzendrink, z. B. Haferdrink

3 EL Ahornsirup

200 g Erdbeeren (frisch oder TK) plus
ein paar Erdbeeren zum Garnieren

1 Prise Zimt

Abrieb von ½ Bio-Limette

etwas Limettensaft

AUSSERDEM:

Kokosflocken

Zubereitungszeit: 20 Min.
plus 2–3 Std. Kühlzeit

Für den Teig alle Zutaten mit dem Mixer zu einem „feuchten" Teig verarbeiten. Die Springform mit Backpapier auslegen. Den Teig in die Form geben und mit den Fingern fest andrücken. Die Form für ca. 20 Min. abgedeckt in den Kühlschrank stellen.

Für die Creme die Cashewnüsse 3–4 Std. in Wasser einweichen (am besten über Nacht). Anschließend gründlich abspülen und mit den restlichen Zutaten in den Mixer geben und so fein wie möglich pürieren, bis eine cremige Masse entsteht.

Die Masse auf den Tortenboden geben und die Torte für 2-3 Std. ins Eisfach stellen. Die Torte aus dem Eisfach nehmen und vorsichtig aus der Form lösen. Zum Schluss mit Erdbeeren und Kokosflocken garnieren.

TIPP:

Falls du die Torte über Nacht gefrieren lässt, hole sie ca. 30 Min. vor dem Verzehr aus dem Eisfach.

GENUSS IM ALLTAG

Ganz in Ruhe eine Tasse Kaffee trinken, ohne etwas anderes dabei zu tun, eine kurze Yogaeinheit am Morgen oder eine ausgiebige Dusche – das alles sind für Denise Genussmomente im Alltag. Wenn sie ihr Gesicht der Sonne zuwendet und für ein paar Momente die Augen schließt, dann ist das eine dieser kleinen Pausen, die einen stressigen Arbeitstag entschleunigen und sie wieder bei sich selbst ankommen lassen.

——— WWW.FOODLOVIN.DE ———

VON MEAL PREP UND BALANCE IM ALLTAG

„Ich bin eine Genießerin", sagt Denise, die als Unternehmerin, Fotografin und Bloggerin oft hektische Arbeitstage bewältigt. „Daher ist es mir beim Essen sehr wichtig, mir nicht zwischen zwei Terminen einfach irgendetwas reinzuschieben, sondern etwas zu essen, das mir schmeckt und mich gut mit Nährstoffen versorgt." Sich dann die Zeit zu nehmen, in Ruhe zu essen – das Gericht zu genießen, zu würdigen und zu schmecken –, ist auch für Denise eine Herausforderung, der sie immer wieder gegenübersteht. Was theoretisch hervorragend klingt, ist praktisch für viele Menschen schwer umsetzbar. Termindruck, lange Arbeitstage oder Kantinenessen, das an Geschmack oder

Qualität zu wünschen übrig lässt, machen ihnen gerne einen Strich durch die Rechnung. „Hier ist Meal Prep eine tolle Möglichkeit, genussvoll und nährstoffreich durch den Tag zu kommen", weiß Denise. „Wenn ich nicht sicher bin, ob ich unterwegs auf Terminen etwas Vernünftiges zu essen bekomme, gehe ich lieber auf Nummer sicher und koche vor. Chinesische Tofu-Reis-Pfanne, Zucchini-Pasta, gefüllte Paprika oder selbst gemachte Müsliriegel landen dann in Denise' Frischhaltedose. „Oft hole ich mir aber auch einen Salat im Café bei mir um die Ecke – da weiß ich, dass ich etwas Gutes bekomme und muss mal nicht vorkochen, wenn es knapp ist." Und für den kleinen Hunger zwischendurch hat Denise frisches Obst mit ein paar Nüssen im Gepäck oder hart gekochte Eier. „Das kann ich mir auch morgens noch schnell zubereiten und einpacken. Dann hab ich eine simple, aber tolle Alternative zu irgendwelchen abgepackten Snacks."

EXPERIMENTE IN DER KÜCHE

So, wie sie heute isst, hat Denise nicht immer gegessen. „Früher habe ich mich anders ernährt. Das war schon ein Prozess, da anzukommen, wo ich jetzt bin. Als ich anfing mit dem Kochen, waren zunächst Unmengen Weißmehl, Butter und Zucker im Spiel", erinnert sie sich. Doch Denise ist neugierig und liest viele Foodblogs – vornehmlich aus den USA. So probiert sie in der Küche vieles aus. Einiges davon verwirft sie wieder, aber viele neue Rezepte, Techniken und Produkte behält sie bei und findet mit der Zeit eine Ernährung, die zu ihr passt. „Ich habe die Paleo-Ernährung versucht und aus gesundheitlichen Gründen auch zwei, drei Jahre lang strikt auf Gluten verzichtet. Dadurch habe ich viel Neues gelernt und zum Beispiel Produkte wie Buchweizenmehl oder Reismehl in meinen Speiseplan aufgenommen. Heute esse ich ausgewogen und vollwertig und versuche, mir das Thema Essen nicht zu kompliziert zu machen. Ich verbiete mir nichts, aber ich weiß auch mittlerweile ganz genau, was mir guttut", erzählt die Düsseldorferin.

Einige Zeit verzichtet Denise zu hundert Prozent auf Zucker. „Keine Frage – da ging es mir super und Zuckerverzicht ist sicher eins der besten Dinge, die man für seinen Körper tun kann. Aber wirklich komplett drauf zu verzichten, ist im Alltag nicht immer umsetzbar – gerade wenn jemand mal einen Geburtstagskuchen zur Arbeit mitbringt oder man eingeladen ist. Früher habe ich dann wirklich strikt Nein gesagt, aber mittlerweile bin ich da etwas toleranter und lasse Zucker in sehr geringen Maßen zu", sagt Denise. „Oder ich bringe einfach selbst etwas mit, wenn ich eingeladen bin, und lasse die anderen probieren", lacht sie. Denn Essen verbindet und soll auch in erster Linie Freude machen, findet Denise. So kann sie sich unglaublich über eine perfekt reife Avocado freuen oder über die ersten süßen Erdbeeren des Jahres. „Auch wenn ich in einem Restaurant ein Gericht serviert bekomme, das hundertprozentig meinen Geschmack trifft, macht mich das unglaublich glücklich!"

BALANCE FINDEN

Zunächst studiert Denise Medienmanagement und arbeitet anschließend in einer Unternehmensberatung, bevor sie ihre Leidenschaft für das Kochen und für die Food-Fotografie schließlich in die Selbstständigkeit führen. 2013 gründet sie ihren Blog „Foodlovin". Heute arbeitet Denise als Food-Fotografin, Buchautorin und Foto-Coach gemeinsam mit ihrem mehrköpfigen Team im eigenen Studio-Loft und hat sich damit einen lang gehegten Traum erfüllt. „Um auch eine Balance zwischen Freizeit, Beruf, Familie und Freunden zu finden, habe ich allerdings länger gebraucht", gibt sie zu. „Daher weiß ich, wie es ist, wenn man zwischen Job und gefühlt 1000 Interessen jongliert und dann noch versucht, gesund zu kochen und das Gekochte auch in Ruhe zu genießen." Denn dass sie einen fordernden Arbeitsalltag nur mit einer ausgewogenen und gesunden Ernährung bewerkstelligen kann, ist ihr als Unternehmerin schnell klar geworden. Ziel ihres Blogs: abwechslungsreiche, zeitgemäße und gesunde Rezepte für sich und ihre Community zu entwickeln, die im Alltag praktikabel und umsetzbar sind. „Ich will nach Feierabend ja auch nicht mehr stundenlang in der Küche stehen, sondern mir nach einem anstrengenden Tag auch noch Zeit für mich oder für eine Runde Sport nehmen", so Denise.

Ihr Tipp für eine entspannte Genussküche: „Am besten eignet man sich erst einmal die Basics an und kocht zunächst nach Rezept. Wenn ich zum Beispiel weiß, dass ich Aubergine am besten im Backofen zubereite, weil sie in der Pfanne eher gummiartig wird, kann ich darauf aufbauen und Rezepte weiterentwickeln und verändern."

GRÜNES GEMÜSE UND „POWERFOOD"

Einen großen Wochenplan stellt Denise selten zusammen, da sie im Alltag meist nicht nach Rezept kocht – der Genuss steht auch hier im Vordergrund: „Ich schaue einfach, worauf ich Lust habe oder was mich beim Einkaufen anlacht. Oft gucke ich aber auch, was noch im Kühlschrank oder im Vorratsschrank ist, und

überlege, wie ich das kombinieren kann." Gemüse spielt die Hauptrolle auf Denise' Speiseplan: „Ich liebe Gemüse, vor allem grünes Gemüse – frisch und knackig!" Wenn sie im Supermarkt oder auf dem Markt ist, versucht sie, saisonal einzukaufen, und freut sich beispielsweise über die Spargelzeit oder die Grünkohlsaison. „Aber es gibt auch richtige Dauerbrenner bei mir; dazu zählen zum Beispiel grüne Bohnen oder Brokkoli. Brokkoli, asiatisch zubereitet, mit Ingwer, Sesamöl, Sesam und Sojasoße geht eigentlich immer!", schwärmt Denise. Frische Kräuter findet man in ihrer Küche ebenfalls immer – die sind für Denise beim Kochen einfach essenziell.

Nahrung, die ihr ausreichend Energie gibt, um den Herausforderungen des Alltags gewachsen zu sein, nennt Denise gerne „Powerfood". „Das sind nährstoff-, mineralien- und vitaminreiche Lebensmittel mit viel guter Energie", erklärt sie. Typische Powerfood-Rezepte à la Denise sind zum Beispiel selbst gebackenes Körnerbrot mit

Avocado und Tomatensalat oder Omelette mit Süßkartoffeln, gerösteten Kichererbsen und grünem Salat. Alle Nährstoffgruppen – also Eiweiß, Fett und Kohlenhydrate – zu kombinieren, ist ihr bei der Entwicklung ihrer Rezepte besonders wichtig. „Die Kombination macht einfach länger satt, viel zufriedener und gibt mehr Power", sagt sie.

Wenn es ans Fotografieren geht, kommen Denise' Favoriten allerdings aus dem Bereich Backwaren: Sie fotografiert am liebsten Kuchen, Muffins oder Cookies, „weil sie so unkompliziert sind. Sie fallen nicht zusammen oder schmelzen, sondern bleiben eine gute Zeit lang einfach so schön, wie sie sind."

Feel-good-Tipp

Mein ultimativer Feel-good-Tipp ist, beim Essen immer darauf zu achten, dass alle drei Nährstoff-Komponenten enthalten sind: Eiweiß, Kohlenhydrate und Fette. So fühlst du dich wirklich satt und zufrieden und bekommst mit Sicherheit nicht eine halbe Stunde nach dem Essen den nächsten Heißhunger-Anfall.

Das heißt: Wenn du einen Apfel isst, snacke noch ein paar Mandeln dazu oder tunke ihn in Mandelmus. Wenn du mein Apple-Pie-Granola probierst, genieße es mit ein bisschen Joghurt oder Quark. Die richtige Kombination macht dich satt, zufrieden und gibt dir lange Power.

Apple-Pie-Granola

MIT VIEL ZIMT

FÜR CA. 12 PORTIONEN

300 g kernige Haferflocken

4 EL Kokosblütenzucker

3 EL Zimt

80 g Mandeln

40 g Pekannüsse

60 g Kokosöl

50 g Mandelmus

100 g Ahornsirup

100 g Apfelmark (ungezuckert)

50 g Rosinen (optional)

Zubereitungszeit: 35 Min.

Den Backofen auf 180 °C vorheizen.

Die Haferflocken mit dem Kokosblütenzucker und dem Zimt in eine große Rührschüssel geben. Die Mandeln und Pekannüsse hacken und ebenfalls in die Schüssel geben.

Das Kokosöl mit dem Mandelmus, Ahornsirup und Apfelmark in einem kleinen Topf erhitzen und glatt rühren. Zu den Haferflocken in die Rührschüssel geben und alles gut vermischen.

Die Mischung gleichmäßig auf einem mit Backpapier belegten Backblech verteilen. Im vorgeheizten Backofen 20–25 Min. backen, bis das Granola goldbraun ist.

Unbedingt auskühlen lassen – erst dann wird es herrlich knusprig! Wer mag, mischt zum Schluss noch Rosinen unter.

»Wenn es einen Duft gibt, der einfach glücklich macht, dann ist das wohl frisch gebackener Apfelkuchen mit Zimt. Mit dem Apple-Pie-Granola gibt's dieses Gefühl schon zum Frühstück (oder Mittag ... oder Abend ...)«

Bunter Süßkartoffel-Reis

FÜR 2 PORTIONEN

2 Süßkartoffeln

150 g Babyspinat

2 Frühlingszwiebeln

1 rote Chilischote

1 Knoblauchzehe

1 Stück Ingwer (2 cm)

½ Granatapfel

1 Bund Koriander

1 EL Kokosöl

4 EL Sojasoße

1 TL Ahornsirup

Abrieb von 1 Bio-Limette

1 EL Limettensaft

Salz

frisch gemahlener schwarzer Pfeffer

50 g Cashewkerne

Zubereitungszeit: 30 Min.

Die Süßkartoffeln schälen, in grobe Stücke schneiden und anschließend im Standmixer kurz in feine Stücke zerkleinern. Alternativ mit einem Gemüsehobel grob raspeln. Beiseitestellen.

Den Spinat waschen und verlesen. Die Frühlingszwiebeln putzen, die Chilischote waschen und beides in Ringe schneiden. Knoblauch und Ingwer schälen und fein hacken. Die Kerne aus dem Granatapfel auslösen. Den Koriander abbrausen, trocken schütteln und grob hacken.

Das Kokosöl in einer Pfanne erhitzen. Frühlingszwiebeln, Chili, Knoblauch und Ingwer darin anbraten, dann die Süßkartoffeln zugeben und 5–8 Min. anbraten. Den Spinat zufügen und untermischen. Das Ganze mit Sojasoße und Ahornsirup ablöschen. Den Limettenabrieb und -saft unterrühren. Mit Salz und Pfeffer würzen.

Mit den Granatapfelkernen, Koriander und Cashewkernen toppen und genießen.

»Bunt, voller Gemüse und Vitamine. Allein die Farben machen gute Laune. Süßkartoffeln werden fein gehackt und mit Gemüse angebraten. Obendrauf gibt's frische Kräuter, Cashews und Granatapfelkerne.«

Happy Kräuter-Hummus

FÜR 2 PORTIONEN

240 g Kichererbsen (Glas)

30 g Blattspinat

4 Stängel Basilikum

2 Stängel Petersilie

4 Stängel Schnittlauch

1 Stängel Minze

1 EL Tahin

1 EL Olivenöl

2 EL Zitronensaft

Salz

frischer gemahlener schwarzer Pfeffer

AUSSERDEM:

Gänseblümchen

Zubereitungszeit: 15 Min.

Die Kichererbsen im Sieb abspülen und abtropfen lassen. Den Spinat waschen und verlesen. Die Kräuter abbrausen, trocken schütteln und zusammen mit dem Spinat mit einem scharfen Küchenmesser fein hacken. Die Gänseblümchen ebenfalls abwaschen und beiseitestellen.

Die Kichererbsen mit dem Tahin, Olivenöl, Zitronensaft und 150 ml Wasser in ein geeignetes Gefäß geben und mit dem Pürierstab oder im Blitzhacker pürieren. Die gehackten Kräuter und den Spinat zufügen und nochmals mixen. Es dürfen ruhig Stücke zu sehen sein. Eventuell für die Konsistenz noch etwas Wasser zugeben. Mit Salz und Pfeffer würzen und mit den (essbaren!) Gänseblümchen dekorieren.

SLOW FOOD

Als weltweite Bewegung setzt sich Slow Food für ein sozial und ökologisch verantwortungsvolles Lebensmittelsystem ein, welches die biokulturelle Vielfalt und das Tierwohl schützt. Das Ziel: mit Genuss und Verantwortung die Zukunft unserer Ernährung zu sichern. Für die Schwestern Lisa und Steffi bedeutet Slow Food, schöne Momente ganz bewusst zu erleben, Lebensmittel mit Bedacht auszuwählen und zuzubereiten und das gemeinsame Kochen und Essen zu zelebrieren. Die ersten Sonnenstrahlen des Morgens genießen sie daher am liebsten mit einer Tasse Kaffee in der Hand und Blick auf den Garten. Während im Haus noch alle schlafen, erwacht die Natur ganz langsam und macht sich bereit für den neuen Tag.

VON PFANNKUCHEN
UND WURZELGEMÜSE

Zwischen zwei Wäldern, umgeben von Feldern und einige Kilometer entfernt vom nächsten Örtchen, liegt der Hof, auf dem die beiden Schwestern mit ihren zwei Brüdern groß werden. Die Abenteuer, die die Natur für Kinder mit sich bringt, sind für die Geschwister genauso normal wie die tägliche Mitarbeit auf dem elterlichen Hof. Wenn man heute mit den beiden spricht, spürt man förmlich die frische Luft und die ländliche Weite: Die Schwestern sind lebensfroh, bedacht, optimistisch und unglaublich herzlich!

VOM HOF IN DIE STADT UND ZURÜCK

Kein Wunder, dass die Sehnsucht nach Natur und Freiheit, aber auch das Selbstvertrauen, Dinge auszuprobieren, anzupacken und zu erschaffen, die beiden schon ihr ganzes Leben lang begleiten – ob beim Studium in der Stadt oder auf Reisen. Nach einigen Jahren des Stadtlebens und kurz vor der Geburt von Lisas Tochter wird der Wunsch, auf den Hof, in die Natur und zu den Eltern zurückzukehren, dann immer stärker. „Es hat uns gefehlt, etwas mit

unseren Händen zu schaffen." Gesagt, getan: Lisa zieht zurück aufs Land und auch Steffi pendelt seitdem zwischen dem Familienhof und ihren Jobs in München und Freising. „So profitiere ich wirklich vom jeweils Besten der verschiedenen Welten", sagt sie.

Zurück auf dem Hof entdecken die Schwestern den Garten ganz neu und Lisa geht gleichzeitig ihrer Fotografie-Leidenschaft nach. Ganz schnell bekommt der Instagram-Kanal, der eigentlich als private Dokumentation ihrer Gartenarbeit gedacht war, eine begeisterte und treue Community. Kurze Zeit später folgt der Blog, auf dem die beiden ausführlicher auf die zahlreichen Fragen zu Garten, Anbau und Verarbeitung eingehen können. „Farmmade – back to the roots" ist geboren und immer mehr Leser *innen, aber auch Blogger-Awards und ein eigenes Kochbuch folgen.

*„SLOW FOOD – DAS IST GENAU,
WIE WIR AUFGEWACHSEN SIND
UND NOCH HEUTE LEBEN"*

Als die beiden den Begriff „Slow Food" zum ersten Mal hören, denken sie gleich: „Das ist genau, wie wir aufgewachsen sind und heute leben." Es ist für die Schwestern ganz normal, morgens mit einem dampfenden Kaffee vors Haus zu treten, die frische, kühle Gartenluft einzuatmen und zuzuschauen, wie alles langsam erwacht. Sie sind es gewohnt, ihr Essen gleich vor der Haustür zu finden oder wild zu sammeln. „Wir haben aber auch früh gelernt, wie viel Arbeit und Ressourcen in Lebensmitteln stecken, und haben dadurch großen Respekt vor dem Essen auf unseren Tellern", erzählt Steffi. Dieser Respekt zeigt sich schon in der

Auswahl der Lebensmittel. Zwar bauen die Schwestern viel selbst an oder finden es in der Natur, doch natürlich müssen auch Lisa und Steffi einige Dinge einkaufen. Dabei achten sie immer auf Regionalität, Saisonalität und Herstellung. Außerdem verzichten sie auf verarbeitete Lebensmittel und versuchen immer, so nah wie möglich am Urprodukt zu bleiben. „Ich würde nie, nie, nie einen fertigen Pfannkuchenteig in einer Plastikflasche kaufen", sagt Lisa. Dafür kochen die beiden viel zu gerne frisch. In der Küche darf es aber ruhig unkompliziert sein: „Oft sind es ganz einfache, aber gute Produkte: Ein Butterbrot kann auch schon Slow Food sein. Oder man nimmt einfach einen Grundteig, zum Beispiel Mürbeteig für eine Tarte, und schaut dann, was da ist: Tomaten im Sommer und Schwarzwurzeln im Winter. Und dann variiert das Gericht je nach Jahreszeit." So entstehen auch all die köstlichen und kreativen Rezepte der Schwestern: „Vieles fängt im Kopf an", sagt Lisa. So schauen die beiden, welche Zutaten gerade verfügbar sind oder Saison haben und worauf sie Lust haben. „Daraus kann dann eine richtige Fusion entstehen", ergänzt Steffi. Schwierig wird es manchmal mit den genauen Mengenangaben, denn es geht doch am besten „nach Gefühl".

Aber was macht man im Winter, wenn der Garten ruht und kein Obst Saison hat? Blitzschnell antworten die Schwestern: „Rechtzeitig an die Speisekammer denken!" Wenn im Sommer plötzlich alles gleichzeitig reif wird, heißt es bei den beiden: einfrieren, einkochen und fermentieren. „In dem Moment hat man zwar viel zu tun, um alles zu verarbeiten, aber später im Winter sparst du wieder Zeit. Da kannst du schnell das Apfelkompott zum Kaiserschmarrn aufmachen oder die gefrorenen Früchte für den Kuchen verwenden", erklärt Steffi. Außerdem wächst im Winter mehr, als man denkt: Rosenkohl, Lauch, Wurzeln. „Wenn du dich durch alle Kohl- und Wurzelsorten im Winter kochen möchtest, kannst du damit schon einige Wochen füllen", sagt Lisa lachend. Lagerware wie Äpfel, Birnen und Nüsse runden das winterliche Angebot perfekt ab.

VON GENERATION ZU GENERATION

Die Leidenschaft für bewusste und gesunde Ernährung geben Steffi und Lisa nun an die nächste Generation weiter. Denn ein wichtiger Teil der „Slow Food"-Bewegung ist es, Traditionen zu bewahren. So haben die Schwestern viel von ihrer Großmutter und Mutter gelernt, was sie heute an Lisas Tochter weitergeben: Von der Zubereitung bis zur vollständigen und nachhaltigen Verwertung von Lebensmitteln. Und nicht nur das: Ihr Blog, das eigene Buch und Social Media ermöglichen es, dass auch ihre Follower*innen dem Slow-Food-Lifestyle folgen können.

GEMEINSAM GENIESSEN

Slow Food – Slow Living – Slow Table: Das gehört für die Schwestern alles zusammen. Natürlich ist der Alltag zwischen Job, Schule und Garten auch bei den beiden mal stressig, aber abends findet die Familie fast täglich die Zeit, gemeinsam zu kochen und an einem schön gedeckten Tisch zu essen. „Man kann mit so wenigen Mitteln den Tisch und die Atmosphäre verschönern. Wir schauen, was gerade blüht – das können Blumen, Kräuter oder ein schöner Ast sein –, und ab damit in die Vase. Das ist etwas, was wir uns gönnen", so Lisa. Außerdem gehört es für die beiden zum bewussten und gemeinsamen Essen dazu, ganz im Moment zu sein: Dabei wird nicht gelesen oder aufs Handy geschaut. „Essen ist für uns Austausch. Wir sitzen zusammen, essen und reden." Und auch wenn mal kein anderer zu Hause ist, kann ein wenig Deko jede Mahlzeit verschönern und zu einem besonderen Moment machen.

„HOW TO SET A SLOW TABLE"

„Am Wochenende kochen wir gerne zusammen: Es wird geratscht, im Hintergrund läuft Musik, alle helfen mit und sind im Essensprozess mit eingebunden. Dazu gehört für uns auch ein schön gedeckter Tisch. Die Tischdeko kann opulent ausfallen, wenn wir etwas Besonderes feiern, oder schlicht aus ein paar Wiesenblumen vom Spaziergang bestehen. Wir holen unser Lieblingsgeschirr, Tischdecke und schöne Gläser heraus und decken den Tisch oder lassen das die Kids übernehmen. So schaffen wir gemeinsame Rituale. Ganz ohne Hektik und Druck. Auch der Alltag und die kleinen Dinge möchten gebührend zelebriert werden, zum Beispiel mit einer extra Portion Nachtisch. Das hat auch etwas mit Selbstwertschätzung zu tun, wie wir finden. Du bist es wert, das Essen zu genießen, gute Zutaten zu verwenden, von einem schönen Teller zu essen. Genuss mit allen Sinnen: Das Leben bereits beim Essen feiern!"

Feel-good-Tipp

SLOW FOOD OHNE HOF UND KÜCHENGARTEN

Die Schwestern sind überzeugt: Auch ohne eigenen Garten lässt sich der Slow-Food-Lifestyle leben. Ihre Tipps für den Einstieg:

1. Achte auf die Herkunft: In jeder Stadt gibt es Märkte, Gärtnereien und Hofläden, auf denen man die Produzenten kennenlernen kann.

2. Fang in kleinen Schritten an: Vielleicht sind zunächst nur die Kartoffeln und Eier vom lokalen Bauern und du kochst erst mal nur am Wochenende – immerhin!

3. Kaufe und koche echte Lebensmittel: Fertigprodukte enthalten unnötige Zusatz- und Konservierungsstoffe.

4. Verwerte das ganze Produkt: Häufig lassen sich auch die Stängel und Schalen von Obst und Gemüse verarbeiten.

5. Gemeinsam genießen: Lade Freunde ein, kocht und esst zusammen – vielleicht wird eine Küchenparty daraus!

Sauerteig-Fladenbrot

MIT CAMEMBERT UND SÜSS-SAUER
EINGELEGTEN MANGOLDSTIELEN

**FÜR DIE MANGOLDSTIELE
(2–3 EINMACHGLÄSER):**

10 Mangoldstiele
250 ml Weißwein-Essig
100 ml Apfelsaft
1 TL Salz
1 EL Senfkörner
1 Lorbeerblatt
80 g Zucker

Zubereitungszeit: 15 Min.

**FÜR DAS FLADENBROT
(CA. 5 STÜCK):**

50 g Roggen-Sauerteig
10 g frische Hefe
400 g Weizenmehl (Type 405, alternativ: Hartweizen- bzw. Pasta-Mehl)
1 TL Honig (optional)
10 g Salz
4 TL Olivenöl plus etwas zum Braten

AUSSERDEM:

4–5 kleine Camemberts
1 Handvoll Brombeeren
2–3 TL Honig
einige Blätter frischer Wildkräutersalat, z. B. Blutampfer, Erbsengrün, Kapuzinerkresse, Löwenzahn (alternativ: Rucola und etwas Blattsalat)

Zubereitungszeit: 2 Std.

Die Mangoldstiele am Vortag in gleich große Stücke schneiden und in 2–3 Einmachgläser geben. Essig, Apfelsaft, Salz, Senfkörner, Lorbeerblatt und Zucker in einem Topf aufkochen und als Sud über die Mangoldstiele gießen. Gläser verschließen und über Nacht ziehen lassen.

Für die Fladenbrote Roggen-Sauerteig, 175 ml Wasser, Hefe und etwa 100 g Mehl in einer Schüssel zu einem Vorteig verrühren und 30 Min. ruhen lassen. Wer möchte, kann einen Teil des Weizenmehls auch durch Hartweizenmehl ersetzen. Das sorgt für eine schöne gelbe Farbe und aromatische Strukturen. Ist der Sauerteig noch nicht ganz triebstark, bei Bedarf etwas Honig mit in den Vorteig geben. Anschließend das restliche Mehl, Salz und Öl zufügen und für einige Minuten zu einem geschmeidigen Teig kneten. An einem warmen Ort für mindestens 1 Std. gehen lassen. Danach 4–5 gleich große Teigkugeln formen, dünn ausrollen und nochmals für ca. 1 Std. zugedeckt ruhen lassen.

Die Fladen (ca. 20 cm Durchmesser) von jeder Seite in einer mit Öl bepinselten Pfanne für 2–3 Min. bei mittlerer Hitze ausbacken. Fertige Fladen beiseitelegen und in der noch heißen Pfanne den Camembert und die Brombeeren mit etwas Honig beträufeln und für ein paar Minuten karamellisieren lassen. In der Zwischenzeit die Fladenbrote mit Wildkräutersalat belegen, den heißen Camembert und die Brombeeren daraufsetzen und mit ein paar eingelegten Mangoldstielen garnieren.

TIPP:

Dazu schmeckt ein Johannisbeeren-Mojito. Dafür 1 Bio-Limette in Scheiben schneiden. Zusammen mit 3–4 Minzblättern und 4 cl Läuterzucker in einem Glas mit einem Cocktailstampfer leicht zerdrücken. Eine Handvoll Johannisbeeren und 5 cl Rum zufügen, bis auf 2/3 mit Crushed Ice auffüllen und mit ca. 125 ml Sodawasser aufgießen.

Kartoffel-Tascherl

MIT ERDBEER-RHABARBER-FÜLLUNG

FÜR 4 PORTIONEN

FÜR DAS KOMPOTT:

1 Handvoll Erdbeeren

5 Stangen Rhabarber

80 g Zucker

Saft von 1 Bio-Zitrone

FÜR DIE TASCHERL:

400 g Kartoffeln (mehligkochend)

1 Ei (Gr. M)

150 g Mehl

1 EL Butter

1 EL Zucker

1 Tasse Semmelbrösel

AUSSERDEM:

Puderzucker zum Bestreuen

Zubereitungszeit: 60 Min.

Für das Kompott die Erdbeeren waschen, putzen und in kleine Würfel schneiden. Den Rhabarber putzen, waschen und ebenfalls in Würfel schneiden. Mit Zucker und Zitronensaft in einem kleinen Topf bei kleiner Hitze köcheln lassen, bis die Früchte zerfallen und die Masse etwas eindickt.

Für die Tascherl die Kartoffeln in einem Topf mit Wasser weich kochen, schälen und fein reiben. Zusammen mit dem Ei und dem Mehl zu einem Teig verkneten. Ist der Teig noch zu klebrig, einfach noch etwas Mehl zugeben. Auf einer bemehlten Arbeitsfläche ausrollen und mit einem Glas kreisrund ausstechen (ca. 10 cm Durchmesser).

Je 1 EL Kompott auf eine Hälfte der Kreise geben und die andere Teighälfte darüberklappen. Die Ränder gut andrücken. Als Nächstes einen Topf mit Salzwasser zum Kochen bringen, die Tascherl einlegen und einige Minuten garen, bis sie oben schwimmen. Mit einer Schaumkelle herausnehmen. Butter in einer Pfanne schmelzen, Zucker und Brösel zufügen und anbräunen. Anschließend die Tascherl darin wälzen und nach Geschmack mit etwas Puderzucker bestreuen.

ZERO WASTE

Möglichst wenig Abfall produzieren und Rohstoffe nicht vergeuden – das ist das Ziel der nach Nachhaltigkeit strebenden Zero-Waste-Philosophie. „Einfach, grün und voller Liebe zur Natur" – so beschreibt Syl ihren Lebensstil. Zero Waste ist daher ein wichtiger Bestandteil ihres Lebens und resultiert aus der großen Wertschätzung für Natur und Lebensmittel. Für Syl gehören viele Bereiche zu Zero Waste: Lebensmittelverwertung, Müllvermeidung, nachhaltiges Reisen, Haushaltmittel und Naturkosmetik. Vor allem setzt sie das Konzept aber in ihrer Ernährung um: Sie baut selber an, kauft nachhaltig ein und verwertet nach Möglichkeit das ganze Produkt. „Man lernt immer mehr und kann irgendwann richtig viel umsetzen. Schritt für Schritt."

WWW.SYL-GERVAIS.DE

VON WILDKRÄUTERN UND FERMENTEN

Syl öffnet die Gartentür und hört den Gesang zahlloser Vögel. „Zum Glück", sagt sie. Als sie und ihr Mann vor zehn Jahren in das damalige Neubaugebiet in der Nähe von München zogen, verirrte sich nämlich nur selten ein Vogel in den noch kahlen Garten. Heute spaziert Syl entlang ihrer acht Hochbeete, in denen Salat, Radieschen, Möhren, Kartoffeln und vieles mehr gedeihen. Sie schaut auf die wilde Wiese, auf der Löwenzahn und Wildkräuter wie Gundermann und Günsel nach Lust und Laune wachsen dürfen, denn zur Hälfte ist Syls Garten wild. „Alles auf dem Boden ist wild! Da mache ich nichts. Und so haben sich zum Glück einige Wildkräuter selbst ausgesät, was mich sehr freut", sagt sie. Die beim Einzug gepflanzte Birke sowie der weiß und lila blühende Flieder machen das Vogel- und Insektenparadies in dem kleinen Garten perfekt.

Eigentlich könnte Syl von Frühjahr bis Spätherbst täglich frisches Gemüse und wilde Kräuter ernten. „Das mache ich aber gar nicht so gerne. Viel lieber beobachte ich die Pflanzen dabei, wie sie wachsen, und schaue nur, was wirklich geerntet werden muss", sagt sie. Dann kommen Salat, Radieschen und Co. in ihren Korb und werden entweder direkt vollständig verarbeitet oder zum Beispiel durch Fermentation haltbar gemacht.

VON DER ERNÄHRUNGSUM-STELLUNG ZU ZERO WASTE

Vor acht Jahren stellt Syl aus gesundheitlichen Gründen auf eine rein pflanzliche Ernährung um und verändert damit ihr gesamtes Leben und ihre Sicht auf die Welt. Sie lernt viel über pflanzliche Lebensmittel und deren Anbau und Verwertung. Mit den neuen Informationen findet sie Schritt für Schritt ganz natürlich zu einer neuen, bewussteren Lebensweise. Weil es Syl nach der Ernährungsumstellung schlagartig besser geht, setzt sie sich nun erst recht voller Enthusiasmus mit natürlichen Lebensmitteln auseinander: „Eine Zeit lang hat mich nichts anderes interessiert", sagt sie lachend. Zu diesem Zeitpunkt hat der Vegan-Trend die Supermarktregale noch nicht erreicht, und es gibt nur wenige pflanzliche Ersatzprodukte, sodass Syl von Anfang an viel selbst zubereitet. Mit dem eigenen Gemüsegarten wächst ihre Liebe und Wertschätzung für natürliche Produkte: „Wenn du deine Karotten selber ziehst und weißt, wie viele Monate es bis zur Ernte dauert, dann kannst du nichts davon wegschmeißen." So leben Syl und ihr Mann frühzeitig einen grünen Zero-Waste-Lifestyle.

Ihre Begeisterung für die Natur und für pflanzliche Lebensmittel sowie die damit einhergehenden Bemühungen, möglichst viel von jedem Produkt zu verwerten, möchte Syl mit ihren Leser*innen teilen. Dabei will sie niemanden bekehren, sondern vielmehr inspirieren, informieren und Tipps geben. So schreiben ihr regelmäßig begeisterte Follower*innen, was sie Schritt für Schritt lernen, bei sich verändern und wie sie mit offeneren Augen durch die Welt laufen.

Syls wichtigster Tipp für den Zero-Waste-Lebensstil ist, sich mit dem, was wir tagtäglich konsumieren, auseinanderzusetzen: „Viele wissen nicht, was alles essbar ist: Das Grün von Karotten ist genauso genießbar wie ein ganzer Löwenzahn. Das Grünzeug von Radieschen ergibt einen tollen Salat und auch Brokkoli und Blumenkohl sind vollständig verwertbar. Das ist ein Wissen, das wir in den letzten Dekaden vergessen haben." Und unterwegs? „Nehmt etwas von zu Hause mit! Das ist günstiger, schöner und nachhaltiger", sagt sie begeistert.

LEBENSMITTEL „LEBEND HALTBAR MACHEN" – FERMENTATION

Neben der vollständigen Verwertung von Lebensmitteln gehört auch das Haltbarmachen zum Zero-Waste-Lebensstil dazu. Syls liebste Methode: das Fermentieren. „Meine Oma in Polen hat schon sehr viel fermentiert. Von damals kenne ich die verschiedenen Methoden, aber mit dem Umzug in die Stadt habe ich dieses Wissen zunächst nicht mehr genutzt." Kurz nach ihrer Ernährungsumstellung erinnert sie sich an die Großmutter und deren Fermentationstechniken und sieht darin die noch fehlende Komponente im neuen Lebensstil. Sie startet mit einfachen Fermenten: Gurken, Radieschen, Bärlauch. „Und dann hat es mich gepackt", erzählt sie ganz begeistert. „Jetzt habe ich hier meine kleine Experimentierküche. Gerade fermentiere ich zum Beispiel Kirschblüten. Es ist so faszinierend!" Fermentier-Anfänger*innen rät Syl, sich zunächst ein Basis-Wissen anzulesen: Welche Arten der Fermentation gibt es? Was passiert im Fermentationsprozess und was ist zu tun? „Nehmt euch genügend Zeit, habt Geduld und startet einfach zunächst mit einer Art der Fermentation", sagt sie. Am liebsten fermentiert Syl Äpfel: „Daraus kann man den besten Essig machen!"

EIN ZUHAUSE VOLLER
BLUMEN UND PFLANZEN

Genauso wie Gemüse und Kräuter bringen für Syl auch Blumen und Pflanzen „Frieden, Ruhe und Glück". Im Haus stehen sehr viele Topfpflanzen, ihr Mann sammelt Kakteen und im Garten blüht ein buntes Blumenmeer: Tulpen, Flieder und Blauregen erfreuen Menschen und Insekten zu gleichen Teilen. „Blumen säe ich genauso gerne aus wie Gemüse und Kräuter." Kein Wunder, denn auch bei Blumen und Pflanzen kann sie das Wachstum und den natürlichen Gang der Natur wunderbar beobachten. In der Nachbarschaft mit Rollrasen- und Steingärten ist Syls Garten ein grünes Paradies. „Hier ist ein kleiner Dschungel", lacht sie und ergänzt: „Ich könnte mich natürlich auch auf einem Hof mit großem Garten austoben, aber ich bin sehr dankbar für unseren kleinen, aber feinen Garten."

Mit dem Gemüse- und Kräutergarten, der Fermentation und ihrem Blog hat die gebürtige Polin ihre Leidenschaft zum Beruf gemacht. „Ich würde meinem Ich vor zehn Jahren ger-

ne sagen: Fange sofort an, dich mit der Natur auseinanderzusetzen. Es gibt so viel zu lernen und zu entdecken: Gemüseanbau, der Rhythmus der Jahreszeiten, Wildkräuter ... Das wird dir so viel geben!" Es verwundert wohl kaum, dass Syls Ehemann sie als liebevoll, lustig, sehr fleißig und passioniert beschreibt. Diese Leidenschaft erhofft sie sich auch von ihren Mitmenschen: „Ich würde mir wünschen, dass alle die Liebe zur Natur wiederfinden. Sie ist so ein wertvolles und zugleich kostenloses Gut, das wir häufig nicht genug beachten und schützen."

Do-good-Tipp

DANK EINFRIEREN GEMÜSE RETTEN

Gemüsereste können für die spätere Verarbeitung problemlos eingefroren werden. Das Gleiche gilt für Obst und Kräuter. Das Gemüse kann für bunte Suppen, Soßen oder zur Herstellung einer leckeren Gemüsebrühe oder eines Gemüsefonds verwendet werden. Aus Obst, wie zum Beispiel Bananen, Beeren, Mangos, lässt sich köstliche „Nice-Cream" zaubern. Gefrorene Früchte sind natürlich auch perfekt zum Zubereiten von Dessertsoßen und gesunden Smoothies. Kräuter und Wildkräuter eignen sich super als Zugabe für Kräuterbutter und Kräuterpestos, verfeinern aber auch Suppen, Soßen und Eintöpfe.

Gemüsebrühe

AUS GEMÜSERESTEN

FÜR CA. 1 KG GEMÜSERESTE

1 kleiner Knollensellerie

3–4 Möhren

1 Petersilienwurzel

1 Pastinake

1 mittelgroße Stange Lauch

2 Zwiebeln

4 Knoblauchzehen

1 Bund Petersiliengrün

1 EL Liebstöckel

¼ Rotkohl

100–120 g Salz

optional: Paprikapulver (edelsüß), gemahlener Ingwer, Kümmel

Zubereitungszeit: 20 Min.

Das Gemüse putzen, schälen und in kleine Stücke schneiden. Portionsweise in einen großen Blender, Küchenmaschine oder Zerkleinerer geben und zu einem dickkörnigen Püree verarbeiten. Ein guter Pürierstab eignet sich ebenso.

Das Gemüsepüree in eine Schale geben und das Salz zufügen, alles sehr gründlich verrühren, sodass das Salz gut verteilt ist. Wer mag, kann das Püree zusätzlich mit Paprika, Ingwer und Kümmel würzen. Das fertige Püree in Schraubgläser füllen und im Kühlschrank aufbewahren.

TIPP:

1 kg Gemüse braucht zum Konservieren 10–12 % Salzgehalt, das entspricht 100–120 g Salz. So ist die Brühe im Kühlschrank bis zu 1 Jahr haltbar. Sie ist stark konzentriert und schmeckt deswegen sehr salzig. Auf 500 ml Wasser kommt lediglich 1 EL der Gemüsebrühe. Das verwendete Gemüse könnt ihr natürlich variieren – je nachdem, welche Gemüsereste ihr verwerten möchtet.

FERMENTIERTE GEMÜSEBRÜHE

Alternativ könnt ihr die Brühe auch fermentieren lassen. Dadurch benötigt ihr viel weniger Salz und die Brühe bekommt ein neues, leckeres Aroma.

Dafür pro 1 kg Gemüse nur 3 % anstatt 10–12 % Salz verwenden, das entspricht 30 g Salz.

Das Gemüse mit dem Salz vermengen, in Gläser füllen und bei Zimmertemperatur gären lassen. Am besten, ihr stellt die Gläser dafür auf einen Teller (eventuell treten aus dem Glas Fermentationssäfte aus) und lasst die Brühe 3–4 Tage fermentieren. Gläser mit Bügelverschluss, aber auch Weckgläser, beide natürlich mit Gummidichtung, eignen sich hierfür am besten.

Bratlinge
AUS SUPPENGEMÜSE

FÜR 20 BRATLINGE

400 g Suppengemüse aus einer
Suppe vom Vortag, z. B. Möhren,
Petersilienwurzel, Pastinake,
Lauch, Knollensellerie
300 g Reis (alternativ Quinoa oder
Buchweizen)
2 EL Hefeflocken
1–2 TL Paprikapulver (geräuchert)
½ TL gemahlener Kreuzkümmel
Salz
frisch gemahlener schwarzer Pfeffer
1 Handvoll Blattspinat, Rotkohl
und Wildkräuter
2–3 EL Semmelbrösel
Ghee zum Ausbraten (optional)

Das Gemüse mit einer Schaumkelle nach und nach aus der Suppe nehmen und gut abtropfen lassen.

Den Reis nach Packungsanleitung kochen oder Reis vom Vortag verwenden.

Das Suppengemüse, den Reis und die Gewürze in einen Zerkleinerer geben und kurz durchmixen. Vorsicht, es sollte kein Brei entstehen, sondern eine grobe, klebrige Masse!

Spinat und Rotkohl waschen, verlesen und fein hacken. Die Kräuter abbrausen, trocken schütteln und ebenfalls fein hacken. Das fein gehackte Gemüse und die Kräuter unter die Masse heben. Den „Teig" eventuell mit den Semmelbröseln eindicken – je nachdem, wie feucht er ist. Alles gut durchziehen und fester werden lassen. Anschließend runde Bratlinge aus der Masse formen.

Die Bratlinge sind jetzt fertig, können aber zusätzlich in Ghee oder anderem Fett noch knusprig ausgebraten und mit einem leckerem Dip serviert werden.

TIPP:
Solltest du einmal Lust auf die Bratlinge, aber keine Gemüsereste haben, kannst du das Gemüse natürlich auch direkt für die Bratlinge zubereiten. Dazu das Gemüse putzen, schälen und in kleine Stücke schneiden. In einen Topf geben, mit Wasser bedecken, zum Kochen bringen und ca. 20 Min. garen lassen.

Zubereitungszeit: 20 Min.

Rohkostkuchen

AUS TRESTER

**FÜR EINE SPRINGFORM
(18 CM Ø)**

FÜR DEN TEIG:

400 g Trester*, z. B. Karotten,
Ingwer, Birne, Rote Bete

1 Apfel

5–6 Medjool Datteln

200 g gemahlene Mandeln

100 g Kokosraspel

Abrieb und Saft von 1 Bio-Zitrone

1 TL Zimt

1 Prise Salz

1 EL Mandelmus

FÜR DIE CREME:

200 g Cashewkerne

Abrieb von 1 Bio-Zitrone

Saft von ½ Bio-Zitrone

1–2 EL Honig (alternativ: Reissirup)

1 gehäufter EL Kokosöl

AUSSERDEM:

Hagebuttenpulver zum Bestreuen

etwas Zitronenmelisse

weiße Blüten

* Trester sind die vorwiegend festen
Rückstände, die nach dem Auspressen
des Saftes von Obst, Gemüse oder
Pflanzenbestandteilen übrig bleiben.

Zubereitungszeit: 30 Min. plus
2 Std. Ruhezeit für den Teig

Für den Teig den Trester in eine große Schüssel füllen. Den Apfel waschen, fein raspeln und zufügen.

Datteln in etwas warmem Wasser einweichen. Mit den Mandeln, Kokosraspeln, Zitronenabrieb und -saft, Zimt und Salz in einen Mixer oder eine Küchenmaschine geben und zu einer klebrigen Masse verarbeiten. Die Masse zu dem Apfel und dem Trester geben, Mandelmus zufügen und alles zu einem „Teig" verkneten. Den Teig für 2 Std. abgedeckt in den Kühlschrank stellen und alles gut durchziehen lassen.

Für die Creme die Cashewkerne in heißem Wasser ca. 2 Std. einweichen. Danach gründlich abspülen, mit 100 ml Wasser, Zitronenabrieb und -saft sowie Honig in einen Mixer geben und fein mixen. Dann das Kokosöl zufügen und zu einer geschmeidigen Creme verarbeiten.

Die gut durchgezogene Teigmasse aus dem Kühlschrank nehmen, in die Kuchenform geben und festdrücken. Die Creme gleichmäßig auf dem Kuchen verteilen und diesen erneut im Kühlschrank für ca. 10 Min. abkühlen lassen.

Den Kuchen mit Hagebuttenpulver bestreuen, mit Zitronenmelisse und weißen Blüten dekorieren und genießen.

HAPPY MOOD FOOD

Für Stephanie hängt Ernährung sowohl mit der körperlichen als auch mit der seelischen Gesundheit zusammen: Als sie eine Depression durchlebt, bei der sie entscheidet, auf eine Behandlung mit Medikamenten zu verzichten, beginnt Stephanie, sich mit der Wirkung von Nahrung auf die seelische Gesundheit auseinanderzusetzen. Ihr ist es wichtig, den Körper sowie den Geist mit hochwertigen Lebensmitteln zu versorgen: frisch, unverarbeitet, saisonal und regional. Die Kombination aus einer positiven Wirkung auf Körper, Geist und Seele sowie möglichst wenig Umweltbelastung macht Essen für Stephanie zu „Happy Mood Food".

WWW.HAPPYMOODFOOD.COM

DAS WOHLFÜHL-ERNÄHRUNGSKONZEPT

Schon vor neun Jahren entscheidet sich Stephanie aus Tierschutzgründen, vegan zu essen, und merkt, dass besonders die Ernährung mit unverarbeiteten, frischen Lebensmitteln und besonders Rohkost ihr sehr guttut. „Mich hat aber natürlich auch interessiert, was die vegane kulinarische Welt noch so zu bieten hat." Als Flugbegleiterin reist sie viel und lernt die verschiedenen Interpretationen der veganen Küche – auch die etwas ungesünderen – kennen. Schnell spürt sie aber, dass „nur vegan" nicht die richtige Lösung für sie ist und es ihr mit einer weniger bewussten Ernährung körperlich, aber auch psychisch schlechter geht.

Sie kämpft mit einer Depression und muss schmerzlich feststellen, dass Medikamente, die schlimme Nebenwirkungen bei ihr auslösen, nicht der richtige Lösungsweg für sie sind. Stattdessen beginnt sie, sich intensiv mit dem Thema Depression auseinanderzusetzen, und erinnert sich daran, wie gut es ihr seelisch ging, als sie vor Jahren mit der veganen und hauptsächlich aus Rohkost bestehenden Ernährung begann. „Ich wusste ja schon, dass die Ernährung eine Auswirkung auf die seelische Gesundheit haben muss, und begann, dort genauer hinzuschauen."

DER WEG ZUM HAPPY MOOD FOOD

Stephanie beschäftigt sich eine Zeit lang mit dem Thema „Makrobiotik". „Das war mir aber etwas zu starr und hier in Deutschland auch wenig praktikabel", sagt sie. Die speziellen Zutaten für die makrobiotische Ernährungsweise sind nicht immer leicht zu bekommen, sodass Stephanie ihre kulinarische Reise fortsetzt. Sie landet schließlich bei Ayurveda und macht eine

Ausbildung zum ayurvedischen Ernährungscoach. Aber auch hier ist sie noch nicht ganz angekommen: „Auch im Ayurveda gibt es Aspekte und Empfehlungen, die mir nicht gut bekommen – zum Beispiel vertrage ich einen grünen Smoothie am Morgen besser als den empfohlenen warmen Haferbrei."

Mit all den Informationen aus den verschiedenen Kulturen und Ernährungskonzepten beginnt sie schließlich zu entwickeln, was sie heute „Happy Mood Food" nennt: „Ich schaue genau hin, was ich brauche, womit ich mich wohlfühle, und stelle meine Lebensmittel so zusammen, dass ich den größten Nutzen daraus ziehe." Sie integriert Elemente aus den verschiedenen Ernährungsformen in ihr Konzept: „Ich nutze mein Wissen zu Ayurveda, dessen Grundstrukturen ich immer noch beachte, zur Makrobiotik – ich arbeite viel mit Algen und Miso – und nutze weiterhin viel Rohkost, weil sie mir in bestimmten Phasen einfach sehr guttut. Es hat ein wenig gedauert, aber inzwischen habe ich für mich den richtigen und gesunden Weg gefunden." Stephanie hat erkannt, dass die Ernährung nach einem allgemeingültigen, starren Schema nichts für sie ist, und gibt diese Erfahrung heute an ihre Blogleser*innen weiter: „Ich versuche zu vermitteln, dass es wichtig ist, genau in sich hineinzuhorchen und zu beobachten, was Lebensmittel mit einem machen. So kann jeder einen Weg für sich finden", erklärt sie.

NICHT ZU STRENG UND MIT
VIEL AUFMERKSAMKEIT

Zu Stephanies Happy Mood Food gehört es auch, dass sie nicht zu streng mit sich selbst ist: „Wenn ich am Sonntagabend mal Lust auf eine vegane Tiefkühlpizza habe, dann esse ich die auch und genieße sie sehr", sagt sie. Auch einen wöchentlichen Speiseplan sucht man bei Stephanie vergeblich. „Ich schaue einfach, dass ich biologisch angebaute und unverarbeitete Lebensmittel zu mir nehme, frisch gekocht oder roh als Salat. Ich esse viel Obst, Gemüse und Hülsenfrüchte und versuche, mich nach Regionalität und Saisonalität zu richten." Außerdem achtet sie auf bestimmte Inhaltsstoffe: „Eine ausreichende Versorgung mit Magnesium, das unter anderem in rohem Kakao enthalten ist, ist mir zum Beispiel sehr wichtig", sagt sie. Auf ihrem Blog erläutert sie zu jedem Rezept, welche Inhaltsstoffe enthalten sind, welche Wirkungen diese haben und wie sie sich gegenseitig ergänzen.

Wann sie welche Speisen zubereitet, ist bei Stephanie sehr intuitiv: „Unser Kühlschrank ist eigentlich immer voll mit allem, was gesund ist. Ich schaue dann morgens, wonach ich mich fühle." So entwickelt sie auch ihre Rezepte. Je nach Saison und Lust und Laune entsteht ein Grundrezept. „Dann überlege ich, welche Zutaten ich noch für die seelische Gesundheit ergänzen kann", erklärt sie. Besonders an freien Tagen fallen Stephanie neue Rezepte ein: „Da haben die Gedanken Zeit zu wandern, ich habe andere Inspirationen und bekomme Lust zu kochen. Kreativität auf Knopfdruck geht bei mir nicht, aber an freien Tagen kommen die Ideen." Stephanies liebstes Happy Mood Food sind Datteln, die mit viel Magnesium, B-Vitaminen und der Aminosäure Tryptophan eine gesunde Nascherei sind. Außerdem liebt sie frisches saisonales Obst und Gemüse: im Sommer Beeren und Pfirsiche und im Winter alle Kohlsorten, die es so gibt.

VON DER FACEBOOK-SEITE ZU BLOG UND INSTAGRAM

Schon früh wird Stephanie auf ihre Rezepte von Freund*innen angesprochen. Um diese zu teilen, gründet sie zunächst eine Facebook-Seite und schließlich ihren Blog. Hier veröffentlich sie kreative Rezepte für fruchtige Smoothies, wärmende Suppen und vieles mehr und ergänzt sie durch umfangreiche Zusatzinformationen und liebevoll arrangierte Bilder. Auf Instagram schätzt sie den regen Austausch mit ihren Follower*innen und anderen Blogger*innen. „Hier lassen sich auch Kontakte knüpfen, die auch im ‚echten' Leben Bestand haben. Das ist wirklich schön", sagt sie lächelnd.

VON BLUMEN, PFLANZEN UND RICHTIGEN FREUNDEN

Die bewusste Auseinandersetzung mit Essen, das glücklich macht, überträgt sich bei Stephanie auch auf andere Lebensbereiche. So sind Blumen und Pflanzen für sie äußerlich wie innerlich sehr wichtig: „Neben unserem Essen ist es ja auch wichtig, womit wir uns ansonsten ‚füttern'. Blumen sind einfach ein wunderschöner visueller Reiz und können uns in tolle Stimmung versetzen. Außerdem können sie teilweise auch als Heilmittel eingesetzt werden." Auch Zimmerpflanzen nehmen einen großen Teil in Stephanies Leben ein: „Wenn ich eine hübsche Pflanze sehe, muss ich sie einfach kaufen und bedenke in dem Moment nicht, dass sie ja auch noch wächst. So kommt es, dass wir hier zu Hause in einem kleinen Dschungel sitzen", sagt sie lachend.

Auch auf zwischenmenschliche Beziehungen hat ihre bewusste Lebensweise einen großen Einfluss: „Ich verbringe meine Zeit nur noch mit Menschen, die mir wirklich guttun. Da habe ich in den vergangenen Jahren sehr stark ‚aussortiert'. Aber die Freunde, die geblieben sind, sind mir besonders wichtig, und die Beziehungen haben sich weiter verfestigt." Diese Erkenntnis hätte Stephanie gerne schon früher gehabt: Ih-

rem Ich vor zehn Jahren würde sie raten, nicht so viel auf andere und mehr auf das eigene Bauchgefühl zu hören.

OHNE DRUCK UND MIT GESUNDEN VORRÄTEN

Stephanies wichtigster Tipp für einen Happy-Mood-Food-Lifestyle ist, sich selbst nicht zu sehr unter Druck zu setzen. Außerdem empfiehlt sie, die richtigen Vorräte anzulegen: „Wenn der Kühlschrank voll mit gesunden Lebensmitteln ist, dann verarbeitet man diese. Wenn aber viel Schokolade da ist, dann isst man diese auch."

Feel-good-Tipp

WASSER TRINKEN FÜR MEHR WOHLBEFINDEN

Wasser trinken ist mit das Wichtigste, das man für sein (seelisches) Wohlbefinden tun kann. So einfach es klingt: Die meisten Menschen trinken viel zu wenig.

Das begünstigt seelische Verstimmungen und allgemeine Abgeschlagenheit. Mit Früchten, Lavendelblüten oder Rosenblättern sieht Wasser nicht nur schöner aus, es schmeckt viel besser.

Auch Wassersteine wie zum Beispiel der Rosenquarz eignen sich wunderbar. Selbst gemachte Schorlen mit Früchten der Saison sind besonders lecker und können zuckerfrei oder zumindest zuckerarm gehalten werden.

Kurkuma-Blumenkohlreis

MIT GERÖSTETEN KICHERERBSEN, GRANATAPFEL UND PISTAZIEN-DUKKAH

FÜR 4 PORTIONEN

FÜR DIE DUKKAH*:

60 g Pistazienkerne (ungesalzen)

1 EL Fenchelsamen

1 EL Kreuzkümmelsamen

1 EL schwarzer Sesam

1 EL Koriandersamen

½ TL Salz

FÜR DEN REIS:

400 g Kokosjoghurt

2 EL Limettensaft

200 g Kichererbsen (Glas)

1 mittelgroßer Blumenkohl

1 EL Kokosöl

¼ TL Asafoetida (alternativ: 1 Knoblauchzehe)

2 TL gemahlene Kurkuma

2 Handvoll Babyspinat

Salz

frisch gemahlener schwarzer Pfeffer

AUSSERDEM:

4 EL Granatapfelkerne

*Dukkah, Ducca bzw. Dukka ist eine afrikanisch-arabische Nuss-Gewürzmischung, die inzwischen auch in der australischen Küche ihren festen Platz hat.

Zubereitungszeit: 30 Min.

Für die Dukkah alle Zutaten in eine trockene Pfanne geben und bei mittlerer Hitze leicht anrösten, bis die Gewürze duften. Im Anschluss alles im Mörser feinstückig zerstoßen. Die Dukkah in ein Schraubglas füllen und kühl lagern.

Für den Reis den Kokosjoghurt mit dem Limettensaft mischen und beiseitestellen.

Die Kichererbsen im Sieb abspülen und abtropfen lassen. In eine trockene Pfanne geben und bei mittlerer Hitze goldbraun anrösten, dabei gelegentlich umrühren. Beiseitestellen.

Den Blumenkohl waschen, in der Küchenmaschine zerkleinern, bis er die Größe von Reiskörnern hat. Das Kokosöl in einer großen Pfanne mit Deckel erhitzen, Asafoetida (oder gehackten Knoblauch) und Kurkuma zufügen und 1–2 Min. anschwitzen. Den Blumenkohlreis in die Pfanne geben, alles gut verrühren und mit 2 EL Wasser aufgießen. Den Deckel schließen und alles ca. 10 Min. bei niedriger Temperatur dämpfen. Der Blumenkohl ist fertig, wenn er die Konsistenz von fluffigem Reis hat.

Den Spinat waschen, verlesen und unter den Blumenkohlreis heben, bis er leicht zusammenfällt. Nach Belieben mit Salz und Pfeffer würzen.

Zum Servieren den Kurkuma-Blumenkohlreis in Schalen geben, mit Kokos-Limetten-Joghurt, gerösteten Kichererbsen und Granatapfelkernen garnieren und zum Schluss mit Pistazien-Dukkah toppen.

*»Leicht und frisch, herzhaft und nahrhaft.
Diese Bowl schmeckt kalt und warm.«*

Rosen-Reispudding

FÜR 2 PORTIONEN

800 ml Mandelmilch

2 EL essbare getrocknete Rosenblät-
ter (alternativ: 1–2 TL Rosenwasser)

200 g Milchreis

½ TL gemahlener Kardamom

½ TL gemahlene Vanille

2 EL Ahornsirup

Saft von ½ Bio-Limette

1–2 Prisen Salz

AUSSERDEM:

frische Beeren als Topping

Zubereitungszeit: 30 Min.

Die Mandelmilch in einen Topf geben und kurz aufkochen. Die Rosen-
blätter im Mörser fein zerstoßen. Milchreis, Kardamom und Rosen-
blätter zur Milch geben und alles gut umrühren. Sollte Rosenwasser
verwendet werden, dieses erst 1–2 Min. vor Ende der Kochzeit zufügen.
Den Reis 20–25 Min. bei geringer Hitze köcheln lassen, dabei gelegentlich umrühren.

Kurz vor Ende der Garzeit den Reispudding mit Vanille, Ahornsirup,
Limettensaft und etwas Salz würzen.

Den Reispudding warm oder kalt mit frischen Früchten servieren.

*»Der ayurvedische Reispudding ist süß, nahrhaft und
wirkt dank Rosenwasser und Vanille ausgleichend und
beruhigend auf Körper und Geist. Ein einfaches
Ayurveda-Rezept für die ganze Familie.«*

Erdbeer-Lavendel-Gin

FÜR 700 ML GIN

500 g Erdbeeren

½ Vanilleschote

150 g Puderzucker

1 TL getrocknete Lavendelblüten

700 ml Gin

Zubereitungszeit: 10 Min.
plus 2 Wochen Ruhezeit

Die Erdbeeren waschen, putzen, halbieren und in das vorher heiß aus-
gewaschene Schraubglas (1,5 l Volumen) geben. Die Vanilleschote
längs aufschlitzen, das Mark herauskratzen und zu den Erdbeeren geben. Den Zucker und den Lavendel ebenfalls zufügen und alles mit Gin
aufgießen. Gut umrühren und verschließen. Das so befüllte Gefäß an
einem dunklen, kühlen Ort für mindestens 2 Wochen ziehen lassen,
gelegentlich gut schütteln, damit sich der Zucker komplett auflöst.

Danach kann der Erdbeer-Lavendel-Gin durch ein feines Sieb gefiltert
werden.

»Infused Gin, der das ganze Jahr nach Sommer schmeckt.«

VEGAN FOOD

Corinna und Benedikt begreifen Ernährung ganzheitlich als Grundlage für ihr Sein und somit als Basis für ein sinner-fülltes Leben. Vor acht Jahren folgt auf den Entschluss, auf Fleisch zu verzichten, eine umfassendere Lebensumstel-lung: vegan und im Einklang mit der Natur zu leben ist das Ziel. Kurzerhand verbannt das Ehepaar alle Produkte tieri-schen Ursprungs aus der gemeinsamen Küche und bloggt unter dem Namen Rosen & Kohl über vegane Ernährung.

—————— WWW.ROSENUNDKOHL.DE ——————

EIN UNIVERSUM AN GESCHMACK UND VIELFALT

Ein weitläufiges Anwesen mitten im Nirgendwo der Toskana – hier zieht es Corinna und Benedikt hin und hier wird ihr zukünftiges Leben stattfinden. Das Ehepaar erfüllt sich mit dem Umzug vom Chiemsee nach Mittelitalien einen lang gehegten Traum, denn nach Jahren der Suche haben sie hier ihren Sehnsuchtsort gefunden. Voller Vorfreude erzählt Corinna: „Das Anlegen von weiteren Gärten, besonders eines größeren Gemüsegartens, wird noch einiges an Arbeit erfordern. In wenigen Wochen wollen wir aber endgültig umziehen." Zurzeit beziehen Corinna und Benedikt Obst und Gemüse, das sie nicht selbst anbauen, noch aus nachhaltiger Landwirtschaft in ihrer Umgebung. Aber in der Toskana freuen sich die beiden schon auf die Vorteile der sonnenverwöhnten Lage und planen, sich nahezu vollständig selbst zu versorgen. „Wir werden Getreide und Hülsenfrüchte zukaufen, aber alles andere werden wir selbst anbauen", erzählt Benedikt. Nach ihrem Lieblingsgemüse gefragt, nennen die beiden die

Artischocke: „Das war in der letzten Zeit unser Gemüse-Star", erzählt Corinna. "Hierzulande ist sie ja noch etwas unbekannter, aber die Artischocke ist einfach ein Wahnsinnsgemüse: so facettenreich in der Zubereitung – und dazu auch noch gesund."

Frisches Obst und Gemüse spielt eine ganz wesentliche Rolle in ihren bunten Rezepten. Seit acht Jahren leben Corinna und Benedikt nun schon vegan. „Ich denke, wir Menschen unterschätzen, welche Auswirkungen Ernährung auf unser Leben hat", so Corinna. „Wir haben uns früher auch als Mischköstler ernährt. Aber wir glauben, dass die Zeit einfach reif ist für eine neue Form der Ernährung." Mit dem Umstieg erleben sie eine große Bereicherung ihres Speiseplans: „Wenn man sich auf eine vegane Ernährung konzentriert und einlässt, eröffnet sich einem ein ganz neues Universum an Geschmack und Vielfalt – das finden wir so toll und faszinierend", ergänzt Benedikt. Diese Vielfalt spiegelt sich sowohl auf ihrem Blog „Rosen & Kohl" als auch auf ihrem Instagram-Kanal wider: Farbenfrohe Gerichte, unzählige spannende Obst- und Gemüsesorten und eine Fülle verschiedener Zubereitungs- und Konservierungsarten finden sich dort. Ob fermentiertes Gemüse, eingewecktes Obst, frisch gebackenes Brot, selbst gemachte Limonaden und Smoothies, Overnight Oats, Obstkuchen oder Tartes – die Farbenpracht und die geschmackliche Vielfalt lachen einen von den Rezeptfotos der beiden förmlich an.

VON BLUMEN ZU GEMÜSE

Corinna ist durch die Gärtnerei ihrer Eltern mit Blumen aufgewachsen und führt schließlich einen eigenen Blumenladen: „Ich habe als Floristin unter anderem viele Hochzeiten und Events dekoriert", erzählt sie. „Es ging immer nur um Blumen – was toll war! Aber in mir brennt mit dem Kochen auch eine zweite Leidenschaft." Sie macht sich als Eventköchin selbstständig, und als das Geschäft schnell richtig brummt, bittet sie ihren Mann, auszuhelfen. Tatsächlich zeigt sich etwas Wunderbares: Die beiden sind laut Corinna, die zusätzlich eine Ausbildung zum „Plant Based Chef & Nutritionist" abgeschlossen hat, ein „spitzenmäßiges Team" in der Küche und kochen ab sofort regelmäßig zusammen. „Das ist etwas, das unserer ganzen Beziehung, Freundschaft und Ehe sehr viel

gibt", bestätigt Benedikt. Das Thema Blumen ist bei Corinna aber nach wie vor sehr präsent: „Für mich ist es selbstverständlich, dass immer Blumen auf dem Tisch stehen. Blumen gehören für mich einfach zum Leben dazu, ich kann es mir gar nicht anders vorstellen", lacht sie und ergänzt: „Blumen und Pflanzen sind für mich ein Ausdruck der Fülle des Lebens und der Freude – irgendwie regen sie mich zum Träumen an."

DER UMSTIEG UND SEINE (POSITIVEN) FOLGEN

Corinna und Benedikt beschreiben sich selbst als kompromisslos und leidenschaftlich – nachvollziehbare Attribute, wenn man den Prozess ihrer Ernährungsumstellung betrachtet. Nach einer opulenten Essenseinladung vor rund acht Jahren, bei der auch Fleisch gegessen wurde, war für Benedikt ein Gefühl ausschlaggebend: „Das ist nicht mehr gesund! Ich fand es sogar sehr dekadent, mir vorzustellen, wie ich esse und konsumiere und wie extrem das ist – wenn man es mal global betrachtet. Irgendwie hat es uns damals innerlich ziemlich durcheinandergewürfelt." Diese Momente kennt wohl fast jeder – aber nur die wenigsten ziehen so radikal die Konsequenzen wie Corinna und Benedikt. Corinna schlägt damals vor, auf Fleisch zu verzichten. Benedikt geht noch einen großen Schritt weiter und räumt alle Lebensmittel tierischen Ursprungs aus der gemeinsamen Küche. Seitdem leben beide vegan. In den ersten Wochen fällt Corinna die Umstellung beim Kochen schon ein bisschen schwer: „Am Anfang denkst du schon ,oh Gott!' und weißt gar nicht, wie du diese neuen Produkte zubereiten sollst. Aber ich habe mich dann eingelesen und mit der Zeit kommt dann eine Riesenfülle an Möglichkeiten." Die Sehnsucht nach nicht vegetarischen Gerichten bleibt aus – zu spannend sind die neuen Lebensmittel und Variationen, die sie nun auf ihren Tellern finden.

Dass der neue Weg der richtige für sie ist, bestätigt sich sehr schnell – denn die positiven körperlichen Veränderungen, die ihnen die Umstellung auf vegane Ernährung bringt, spüren die beiden sofort ganz deutlich: „Wir haben viel mehr Energie und Lebensfreude und sind ausgeglichener", berichtet Benedikt. Der Körper fühlt sich leichter an, außerdem sind Kopfschmerzen oder Mittagstiefs nahezu komplett verschwunden. „Bei uns hat's total eingeschlagen!", lacht Corinna.

MEHR ALS NUR NAHRUNG

Dass Nahrungsmittel mehr als die bloße Versorgung für den menschlichen Körper bedeuten, ist Corinna und Benedikt bewusst: „Nahrung ist immer auch eine Information, die wir in uns aufnehmen", erklärt Benedikt. Früher habe es eigentlich niemanden interessiert, woher das Essen komme und wie es angebaut wurde. „Wir haben das Gefühl, dass die Menschen sich dessen aber immer bewusster werden und deutlicher spüren, was sie eigentlich zu sich nehmen. Wenn ich in Italien das Gemüse von meinem Nachbarn esse, dann hat das eine Kraft und Energie, die seinesgleichen sucht", schwärmt er. Das Ehepaar empfiehlt jedem, der dem einmal nachspüren möchte, einmal etwas im eigenen Garten oder auf dem Balkon anzubauen. Um die Beziehung zu einem Lebensmittel herzustellen, sei es eben unerlässlich, dass es vor Ort frisch geerntet werde und nicht nach Tausenden Kilometern und maschineller Verarbeitung in einer Plastikverpackung in den Supermarkt kommt. „Wir sind eben das, was wir essen", resümiert

Benedikt und Corinna ergänzt: „Ich spüre schon in der Küche beim Verarbeiten der Lebensmittel die Energie von vor Ort angebautem Obst und Gemüse. Da geht für mich ein ganzes Universum auf: Ich kenne den Gärtner und weiß, wo es wächst und wie es geerntet wird."

Und die beiden gehen noch einen Schritt weiter: „Ernährung ist einfach eine wunderbare Möglichkeit, wieder zu lernen, im Einklang mit der Erde zu leben", so Benedikt. Wenn man diese Tür aufstoße, würde das Leben zwar viel komplexer und herausfordernder, weil man nicht nur über das Essen nachdenke, sondern auch automatisch Konsum und viele andere Dinge auf den Prüfstand stelle. „Aber wir verstehen und erleben durch die Ernährung, dass die Erde die Grundlage von allem ist und dass es essenziell ist, so nachhaltig wie möglich zu leben", sagt er.

INNEHALTEN UND HEIMAT FINDEN

Rückblickend hätten sie eins heute anders gemacht – sie hätten sich früher mit der Frage auseinandergesetzt, wo sie wirklich leben wollen und glücklich sein können. „Ähnlich wie eine Pflanze muss ich mich fragen, was mein Zuhause ist und welches Zuhause ich mir wünsche", lacht Benedikt. „Jeder braucht eben bestimmte Dinge, um zu gedeihen, zu wachsen und zu blühen." Genauso wie die Nahrung eine Information sei, die wir aufnehmen, so sei die Umgebung, in der wir uns befinden, eine Information und Sinneserfahrung für den Körper. Die beiden freuen sich darüber, dass sie nun den Mut gefasst haben, den Schritt nach Italien zu machen, denn, so erklärt Corinna: „Hier fühlen wir uns einfach anders, hier ist unser Zuhause."

Feel-good-Tipp

Schenke dir einen Augenblick Zeit, bevor du dein Essen zu dir nimmst, und halte inne. Das allein wird vieles in dir bewirken und kann die Art und Weise, wie du über Essen denkst und fühlst, maßgeblich verändern.

Nur selten hört man heute einen Menschen vor dem Essen ein Tischgebet sprechen. Wir sagen „Danke", bevor wir beginnen, unsere Speisen zu genießen. Dabei geht es uns vor allem darum, unsere Dankbarkeit für all die Zutaten auszu-drücken, die wir zu uns nehmen werden. Und den Menschen dankbar zu sein, die ihre Arbeit dem Anbau und der Herstellung dieser Zutaten widmen. So ist es auch ein besonderes Gefühl, wenn wir das Gemüse selbst angebaut und ge-erntet haben oder den Gemüsebauern persön-lich kennen, bei dem wir es gekauft haben.

Die Zeit vor dem Essen ist eine Chance für je-den von uns, Dankbarkeit zu empfinden. Pro-biere es einfach aus.

Berglinsen-Spieße

MIT WALNÜSSEN AUF
GERÖSTETEN ROSMARINTOMATEN

FÜR 4 PORTIONEN

FÜR DIE SPIESSE:

150 g braune Berglinsen

1 kleine Zwiebel

2–3 Knoblauchzehen

50 g Walnusskerne

2 EL Öl zum Anbraten

2 EL Mehl oder 2 EL Flohsamenschalen

1 Prise Salz

frisch gemahlener schwarzer Pfeffer

1 Prise Paprikapulver (pikant)

1 Prise Paprikapulver (geräuchert)

8–10 Holzspieße oder Rosmarinzweige

FÜR DIE TOMATEN:

1 kg kleine Tomaten

1 Bund Rosmarin

2 Knoblauchzehen

7 EL Olivenöl

1 Prise Salz

frisch gemahlener schwarzer Pfeffer

2 TL brauner Zucker

AUSSERDEM:

2 EL Walnusskerne

Zubereitungszeit: 50 Min.

Für die Spieße die Linsen nach Packungsanleitung kochen, in einem Sieb abtropfen lassen und in eine große Schüssel geben. Zwiebel und Knoblauch schälen und zusammen mit den Walnüssen fein hacken. In einer beschichteten Pfanne in einem Esslöffel Öl goldbraun anbraten.

Die Zwiebelmischung mit dem Mehl und den Gewürzen zu den Linsen geben. Mit der Hand zu einem Teigball kneten. Falls die Masse zu trocken und brüchig ist, etwas Wasser zugeben. Die Linsenmasse gegebenenfalls mit Paprika, Salz, Pfeffer oder klein geschnittenem Knoblauch nachwürzen. Mit nassen Händen 8–10 ovale Patties formen. Einen Esslöffel Öl in einer Pfanne oder auf einem Eisengrillrost erhitzen und die Patties pro Seite bei mittlerer Hitze 5 Min. anbraten. Sobald die Patties fertig sind, einige Minuten ruhen lassen, damit sie fester werden. Anschließend vorsichtig die Spieße in die Patties stecken.

Für die Rosmarintomaten den Backofen auf 200 °C vorheizen.

Die Tomaten waschen und mit dem Rosmarin in eine Auflaufform geben. Den Knoblauch schälen und klein schneiden. Mit Olivenöl, Salz, Pfeffer und Zucker verrühren und über die Tomaten und den Rosmarin träufeln. Die Tomaten ca. 20 Min. im Backofen rösten. Beim Rösten entsteht eine klare und schmackhafte dünne Soße, die hervorragend zum Essen passt.

Die Berglinsen-Spieße mit den gerösteten Rosmarintomaten und den Walnüssen anrichten. Je nach Lust und Laune können die Patties vorm Servieren im Backofen mit den Tomaten wieder aufgewärmt werden oder eben lauwarm oder kalt genossen werden.

TIPP:

Dazu passt frisches Baguette.

Fenchel-Graupenrisotto

MIT GERÖSTETEM RÄUCHERTOFU

FÜR 4 PORTIONEN

FÜR DAS RISOTTO:

1 kleine Zwiebel

Olivenöl

250 g Graupen

750 ml Gemüsebrühe

1 Fenchelknolle

200 ml Sojasahne (alternativ:
2–3 EL helles Mandelmus)

2 EL Hefeschmelzflocken

Salz

frisch gemahlener schwarzer Pfeffer

FÜR DAS TOPPING:

1 Fenchelknolle

Salz

100 g Räuchertofu

1 EL Petersilie (alternativ: Fenchelgrün)

2 TL Zitronenschale

frisch gemahlener schwarzer Pfeffer

4 TL Olivenöl

Zubereitungszeit: 45 Min.

Für das Risotto die Zwiebel schälen, würfeln und in einem Topf in etwas Olivenöl glasig dünsten. Die Graupen zufügen und mit der Gemüsebrühe aufgießen. Die Graupen ca. 25 Min. sanft köcheln lassen, gelegentlich umrühren. Den Fenchel waschen, Fenchelgrün und Strunkansatz entfernen, danach den Fenchel in 1–2 cm große Stücke schneiden. Sobald die Graupen die Gemüsebrühe aufgesaugt haben, Fenchel, Sojasahne und Hefeschmelzflocken zugeben und so lange weiterkochen lassen, bis das Risotto cremig und al dente ist.

Mit etwas Olivenöl, Salz und Pfeffer würzen und 5–10 Min. mit geschlossenem Deckel auf dem ausgeschalteten Herd ruhen lassen.

Für das Topping den gewaschenen Fenchel vierteln oder halbieren und von allen Seiten in einer Pfanne mit etwas Olivenöl goldbraun rösten und leicht salzen.

Den Räuchertofu in ca. 1 cm große Würfel schneiden und ebenfalls von allen Seiten leicht in Öl rösten und salzen.

Das fertige Graupenrisotto mit dem gerösteten Fenchel, Räuchertofu, Petersilie, Zitronenschale, frisch gemahlenem Pfeffer und einigen Tropfen Olivenöl anrichten.

TIPP:

Falls das Graupenrisotto während der Ruhephase zu fest wird, etwas Wasser unterrühren.

Marillentarte

MIT DINKELVOLLKORNMEHL

**FÜR EINE TARTEFORM
(31 CM Ø)**

FÜR DEN TEIG:

200 g Dinkelvollkornmehl

60 g Dinkelmehl

60 g feiner Rohrohrzucker

1 Prise Salz

80 ml neutrales Öl zum Backen

FÜR DEN BELAG:

10–15 Marillen

40 g Maisstärke

2 EL Rohrohrzucker

1 Prise Salz

1 Prise Kurkuma

½ TL Vanillepulver

(alternativ: 1 Pck. Vanillezucker)

240 ml ungesüßte Pflanzenmilch

240 ml Pflanzensahne

(alternativ: Seidentofu)

Zubereitungszeit: 20 Min.

plus 50 Min. Backzeit

Den Backofen auf 180 °C vorheizen.

Für den Teig alle trockenen Zutaten in eine Schüssel geben und mit dem Schneebesen verrühren. Öl und 70 ml Wasser auf die trockenen Zutaten geben und zügig erst mit dem Löffel und dann mit den Händen zu einem Teigball verarbeiten. Den Teig nur so lange kneten, bis sich alles gut vermengt hat.

Für den Belag die Marillen waschen, entsteinen und halbieren. Maisstärke, Rohrohrzucker, Salz, Kurkuma und Vanillepulver vermengen und mit 50 ml Pflanzenmilch anrühren. Nun die restliche Pflanzenmilch und Pflanzensahne zugeben und mit dem Schneebesen oder einem Stabmixer zu einer homogenen Vanillesahne verrühren.

Den Teig dünn ausrollen und die Tarteform damit auskleiden. Vanillesahne daraufgeben und mit den Marillen belegen. Die Tarte 45–50 Min. goldbraun backen.

LIFE BALANCE

Naturverbunden leben und auf den Körper und seine Bedürfnisse achten: Für Jana bedeutet Life Balance, die Zei-
chen ihres Körpers zu deuten und ihren Tages- und Le-
bensrhythmus nach seinen Bedürfnissen zu gestalten. Im
ganzheitlichen Ayurveda-Ansatz spielen dabei sowohl die
Ernährung als auch Arbeitszeiten und Freizeitgestaltung
eine wichtige Rolle.

———————— WWW.APPLEANDGINGER.DE ————————

LIFE BALANCE
MIT AYURVEDA

Janas Antwort auf die Frage, was alle Menschen – wenn es nach ihr ginge – in ihren Alltag integrieren sollten, ist genauso knapp wie überraschend: „Mittagessen." In der ayurvedischen Lehre ist das Mittagessen die wichtigste Mahlzeit des Tages. „Mittags ist unser Verdauungssystem am aktivsten, und wenn wir dann frisch mit regionalen und saisonalen Lebensmitteln kochen, tun wir für Gesundheit und Stimmung etwas sehr Gutes."

Jana sagt: „Ayurveda hat mich gefunden." Auf ganz unterschiedlichen Wegen begegnet ihr das Thema immer wieder: in Dokumentationen, in Kochbüchern und auf Social Media. Nach einiger Zeit liest sie sich genauer ein und lässt sich für fünf Monate von einer Ayurveda-Beraterin begleiten. Es spricht sie an, dass Ayurveda keine allgemeingültigen Regeln aufstellt, sondern individuell auf die Menschen eingeht und

persönliche Empfehlungen gibt. „Es hat sofort ‚Klick' gemacht, und ich wusste schon nach dem ersten oder zweiten Beratungstermin, dass ich das irgendwann auch beruflich machen möchte", sagt sie. Ayurveda, Sanskrit für „Wissen vom Leben", wird zu einem wichtigen Bestandteil in Janas Leben – zunächst allerdings nur privat. Nach ein paar Jahren entscheidet sie sich dann tatsächlich dazu, die Ausbildung zur Ayurveda-Beraterin zu machen, und wagt schließlich den Schritt in die Selbstständigkeit – erst nebenberuflich mit ihrem Foodblog und ersten Beratungen und schlussendlich hauptberuflich. Damit macht sie ihre Leidenschaft zum Beruf. Was hat sich seitdem verändert? „Alles!" In ihrem bisherigen Bürojob in der Öffentlichkeitsarbeit ging es ihr zuvor häufig schlecht: Sie fühlte sich eingeengt, unausgeglichen und litt unter Kopfschmerzen. Mit der Selbstständigkeit verbessern sich Janas Gesundheit und ihre Stimmung schnell. „Meiner Leidenschaft folgen zu können, ist ein großes Geschenk für mich. Zuvor war ich immer auf der Suche. Jetzt habe ich das Gefühl, am richtigen Ort zu sein und genau das zu tun, was ich tun soll", sagt sie lächelnd. Doch auch Jana weiß: Eine Lebensumstellung ist gar nicht so einfach.

ALLER ANFANG IST SCHWER

Sich das theoretische Wissen darüber anzueignen, welche Gewürze ihr in welcher Situation guttun, und gleichzeitig den eigenen Körper genau kennenzulernen, ist eine große Herausforderung. Und nicht nur das: „Dreimal am Tag zu kochen und warm zu essen, war anfangs eine große Überwindung für mich. In Deutschland sind wir ja das Brötchen zum Frühstück und das klassische Abendbrot gewohnt." Schnell merkt

Jana aber, wie gut ihr die Umstellung tut, und ist dankbar für die Unterstützung ihrer Ayurveda-Beraterin. „Es hat dennoch ein paar Monate gedauert, bis ich nicht mehr ständig darüber nachdenken musste und den Lebensstil verinnerlicht hatte."

Und noch heute fällt es Jana – vor allem auf Reisen – manchmal schwer, alles umzusetzen und nicht in alte Muster zu verfallen. Ihre Tipps: „Viel vorbereiten und vorkochen! Außerdem viel warmes Wasser trinken – das geht ja eigentlich überall. Zum Glück ist Ayurveda nicht dogmatisch und man kann immer mal Ausnahmen machen. Teil des ayurvedischen Weges ist es, nicht zu streng mit sich selbst zu sein."

Diese Begeisterung für die ayurvedische Lehre und ein ausgeglichenes Leben gibt Jana mit Freude weiter: Auf ihrem Blog und in persönlichen Coachings teilt sie ihr Wissen und entwickelt kreative ayurvedische Rezepte.

AYURVEDA, DAS WISSEN VOM LEBEN

Ayurveda in aller Kürze: Im Zentrum der über 5000 Jahre alten Lehre des Ayurveda steht der Mensch als eine Verbindung aus Körper, Geist und Seele. Welcher Typ man nach Ayurveda ist und was die entsprechenden Bedürfnisse sind, entscheidet sich durch die Zusammensetzung der drei sogenannten Doshas: Kapha ist das stabilisierende Prinzip, das sich aus den Elementen Erde und Wasser zusammensetzt. Pitta wird als Stoffwechselprinzip mit Feuer und ein bisschen Wasser in Verbindung gebracht. Und Vata, das Bewegungsprinzip, setzt sich aus den Elementen Luft und Äther zusammen. Jeder Mensch vereint alle drei Doshas in unterschiedlicher Gewichtung in sich. Daraus resultieren dann gewisse Charaktereigenschaften, Unverträglichkeiten, aber auch die Veranlagung zu bestimmten Krankheiten.

Ermitteln kann man den jeweiligen Dosha-Typ am besten mithilfe eines Ayurveda-Coachs anhand diverser Merkmale: körperliche Beschaffenheit, mentale Eigenschaften, Schlafroutinen, Verdauungsaktivität und mehr. Wer seine eigene Konstitution gut kennt, kann gezielter Lebensmittel auswählen und Verhaltensweisen in den Alltag integrieren. „Ziel ist es, das angeborene Gleichgewicht in Balance zu halten", erklärt Jana. Dafür braucht es aber ein gutes Gefühl für das Selbst und den eigenen Körper.

„Mit meinem Blog und den Coachings möchte ich dabei helfen, wieder zurück zu diesem Körpergefühl zu finden", sagt Jana.

Das wichtigste Prinzip im Ayurveda ist aber die Verdauung. „Wir sagen auch: ‚Du bist, was du verdauen kannst' oder: ‚Glück ist ein Stoffwechselprodukt'. Wenn unsere Verdauung gut funktioniert, dann fühlen wir uns wohl, sind fit und energiegeladen. Daher ist es besonders wichtig", sagt Jana, „entsprechend dem individuellen Typ Lebensmittel und Gewürze auszuwählen. Damit kann man dann seinen Alltag managen und sich gut dabei fühlen."

Die ayurvedische Ernährung ist größtenteils vegetarisch, häufig auch vegan. Es wird viel mit frischem und regionalem Obst und Gemüse gekocht. Fleisch wird meistens therapeutisch bei großer Schwäche eingesetzt. Dazu teilt Jana einen Tipp ihrer Ausbilderin: „Ghee sollte eigentlich jeder zu sich nehmen, weil das von der Wirkung nicht zu ersetzen ist." Die geklärte Butter gilt als wichtigstes Lebensmittel im Ayurveda, das sehr gut medizinische Wirkstoffe in die Zellen transportieren kann und Giftstoffe bindet. Außerdem werden Ghee eine verjüngende Wirkung auf das Gehirn und viele weitere hilfreiche Eigenschaften nachgesagt.

Auf Janas Blog finden sich zahlreiche Rezepte, aber was macht diese zu ayurvedischen Rezepten? „Es ist zum einen die Zusammensetzung der Zutaten, denn es gibt Lebensmittel, die zusammen nicht gut verdaulich sind und stattdessen Giftstoffe produzieren", erklärt sie. „Zum anderen spielt die richtige Auswahl der Gewürze für die jeweilige Tages- und Jahreszeit eine wichtige Rolle. Wir wissen, dass Speisen wie Medizin für den Körper sein können." Kein Wunder, dass man ayurvedische Köche auch „Alchemisten in der Küche" nennt.
Da die verschiedenen Doshas je nach Jahreszeit unterschiedlich aktiv sind, geht die Rückbesinnung auf Regionalität und Saisonalität damit

einher. „Wie bei unseren Großeltern eigentlich", ergänzt Jana.

Neben den für den ayurvedischen Lebensstil essenziellen Kräutern spielen für Jana aber auch Blumen und Pflanzen eine wichtige Rolle: „In jeder Wohnung, in der ich bisher gewohnt habe, durften zwei Dinge nicht fehlen: Bücher und Pflanzen." Überall in Janas Wohnung und auf ihrem Balkon stehen Pflanzen und regelmäßig holt sie frische Blumen. „Das schafft einfach eine schöne Atmosphäre, in der ich mich wohlfühlen kann", sagt sie. Und auch in der heimischen Natur gibt es für Ayurvedis viel zu entdecken: „Auch unsere heimischen Wildkräuter sind wertvolle Heilmittel. Auf meiner To-do-Liste für dieses Jahr steht auf jeden Fall noch, eine angeleitete Wildkräuter-Wanderung zu machen."

Feel-good-Tipp

VIER BOOSTER FÜR DEINE VERDAUUNG

Im Ayurveda dreht sich alles um die Verdauung, denn wenn die gut funktioniert, fühlen wir uns wohl und haben Energie. Die folgenden Tipps kannst du ganz einfach in deinen Alltag integrieren:

1. Trinke nach dem Aufstehen ein großes Glas warmes Wasser oder Ingwerwasser. Das ist wie eine Dusche von innen. Es setzt den Stoffwechsel in Gang und regt die Verdauung an.

2. Iss nur, wenn du Hunger hast, und lasse zwischen den Mahlzeiten drei bis vier Stunden Pause, bevor du wieder etwas isst.

3. Integriere verdauungsfördernde Gewürze wie Ingwer, Chili, Pfeffer, Kreuzkümmel und frische Kräuter in deine Mahlzeiten.

4. Iss vor allem warme und gekochte Speisen, denn die sind leichter verdaulich. Rohkost sollte nur mittags gegessen werden.

Amarant-Porridge

MIT ERDBEER-RHABARBER-KOMPOTT

FÜR 4 PORTIONEN

FÜR DAS PORRIDGE:

250 g Amarant

350 ml Reisdrink

½ TL gemahlener Ingwer

¼ TL gemahlener Kardamom

FÜR DAS KOMPOTT:

300 g Erdbeeren

250 g Rhabarber

2 TL Kokosöl

¼ TL gemahlener Kardamom

1 Msp. gemahlener Anis

1 Vanilleschote

4–5 EL Ahornsirup

Für das Porridge den Amarant mit 350 ml Wasser, Reisdrink, Ingwer und Kardamom zum Kochen bringen und für 20 Min. auf kleiner Stufe köcheln lassen. Gelegentlich umrühren und am Ende für weitere 5–10 Min. ausquellen lassen.

Währenddessen für das Kompott die Erdbeeren putzen, waschen und in kleine Würfel schneiden. 3–4 Erdbeeren zum Dekorieren aufbewahren. Den Rhabarber putzen, waschen und ebenfalls in Würfel schneiden. Kokosöl in einem Topf erhitzen und darin Kardamom und Anis kurz andünsten, bis es duftet.

Erdbeeren und Rhabarber in den Topf geben und für 1 Min. in Kokosöl andünsten. Dann 30–40 ml Wasser in den Topf geben. Die Vanilleschote der Länge nach aufschlitzen und das Mark herauskratzen. Das Vanillemark und die Schote mit in den Topf geben und das Obst ca. 10 Min. einkochen lassen, bis der Rhabarber zerfallen ist. Das Kompott je nach Geschmack mit 4–5 EL Ahornsirup süßen und etwas abkühlen lassen.

Das Porridge auf vier Schüsseln verteilen und zusammen mit dem Kompott servieren. Mit halbierten Erdbeeren dekorieren.

TIPP:

Das Kompott kannst du leicht an jede Jahreszeit anpassen: Im Sommer einfach 4 Aprikosen halbieren, in Ghee und Gewürzen 4–5 Min. andünsten und mit gehackten Pistazien servieren. Im Herbst kannst du statt der Aprikosen 3 frische Feigen und 4 Datteln verwenden. Und im Winter schmecken in Ghee und Gewürzen angedünstete Birnen mit Safran lecker.

Zubereitungszeit: 30 Min.

Frühlings-Pasta

MIT RADICCHIO UND WALNÜSSEN

FÜR 4 PORTIONEN

500 g Dinkel-Spaghetti
Salz
300 g Radicchio
80 g Walnusskerne
1 Zwiebel
1 Knoblauchzehe
½ rote Chilischote
2 EL Ghee (alternativ: Olivenöl)
½ TL gemahlener Ingwer
½ TL Kreuzkümmel
½ TL frischer Thymian
Saft von ½ Bio-Zitrone
2 TL Honig
frisch gemahlener schwarzer Pfeffer

Für die Pasta 2 l Wasser mit 2 TL Salz zum Kochen bringen. Die Nudeln darin für 8–10 Min. bissfest kochen, abgießen und etwas Nudelwasser aufbewahren.

Währenddessen den Radicchio halbieren und in dünne Streifen schneiden, waschen und trocknen. Die Walnüsse grob hacken und zur Seite stellen.

Die Zwiebel und den Knoblauch schälen und in kleine Würfel schneiden. Die Chilischote entkernen und fein hacken.

Ghee in einer Pfanne erhitzen. Darin zunächst Zwiebel, Knoblauch und Chili 1–2 Min. glasig dünsten. Nun Ingwer, Kreuzkümmel und die Thymianblätter in die Pfanne geben und für 1 Min. andünsten, bis es gut nach den Gewürzen duftet.

Den Radicchio und die Walnüsse in die Pfanne geben und für ca. 5 Min. andünsten. Dann 5–6 EL des Nudelwassers in die Pfanne geben und alles verrühren, sodass eine leichte Soße entsteht.

Die Pfanne vom Herd nehmen und den Radicchio mit Zitronensaft, Honig, Salz und Pfeffer würzen. Die Nudeln in die Pfanne geben. Alles gut verrühren und warm servieren.

TIPP:
Im Sommer kannst du statt Radicchio Fenchel verwenden (10 Min. dünsten), zusätzlich ½ TL gemahlenen Koriander und ¼ TL Anis zufügen, dafür Chili weglassen. Im Herbst schmeckt die Pasta mit Lauch und ¼ TL Zimt. Winterlich wird's mit Kürbis (in 1 cm große Würfel schneiden und 10 Min. dünsten), ¼ TL Zimt, 1 Prise Muskat und 2 Salbeiblättern zusätzlich. Honig weglassen.

Zubereitungszeit: 20 Min.

Brokkoli-Radieschen-Suppe

MIT MÖHREN-LINSEN-PÜREE

FÜR 4 PORTIONEN
FÜR DIE SUPPE:

1 Brokkoli

1 Bund Radieschen

3 Frühlingszwiebeln

1 Stück Ingwer (2 cm)

1 grüne Chilischote

2 EL Sesamöl

¼ TL Bockshornklee

¼ TL Ajwain

½ TL Kreuzkümmel

800 ml Gemüsebrühe

Saft von ½ Bio-Zitrone

Salz

frisch gemahlener schwarzer Pfeffer

FÜR DAS PÜREE:

100 g rote Linsen

160 g Möhren

1 EL Sesamöl

½ TL gemahlener Ingwer

4–5 Safranfäden

¼ TL Zimt

1 Prise geriebene Muskatnuss

1 Prise Cayennepfeffer

Salz

frisch gemahlener schwarzer Pfeffer

Zubereitungszeit: 30 Min.

Für die Suppe den Brokkoli in kleine Röschen schneiden und waschen. Die Radieschen samt Blättern waschen. Das Grün entfernen (nicht wegwerfen!) und die Radieschen beiseitestellen. Die Frühlingszwiebeln putzen und in dünne Ringe schneiden. Den Ingwer schälen und zusammen mit der Chilischote fein hacken. Sesamöl in einem Topf erhitzen und darin Frühlingszwiebeln, Ingwer und Chili 1 Min. andünsten. Gewürze zugeben und ebenfalls 1 Min. andünsten.

Den Brokkoli in den Topf geben und mit 800 ml Gemüsebrühe aufgießen. Für 10 Min. kochen lassen. Dann die Radieschenblätter zufügen und weitere 5 Min. kochen lassen. Die Suppe mit einem Pürierstab fein pürieren. Mit Zitronensaft, Salz und Pfeffer würzen.

Für das Püree die Linsen abspülen und abtropfen lassen. Die Möhren putzen, schälen und in Würfel schneiden. Sesamöl in einem Topf erhitzen und darin den Ingwer kurz andünsten. Linsen und Möhren zugeben und mit 200 ml Wasser aufgießen. Alles für etwa 10 Min. kochen lassen, bis die Möhren und Linsen gar sind. Den Safran in etwas heißem Wasser quellen lassen. Safran, Zimt, Muskat und Cayennepfeffer zu dem Gemüse geben und alles mit dem Pürierstab fein pürieren. Mit Salz und Pfeffer würzen.

Die Suppe auf vier Teller verteilen und mit dem Püree und Radieschenscheiben garnieren.

TIPP:

Auch dieses Rezept lässt sich wunderbar variieren: Im Sommer kannst du Zucchini statt Möhren für das Püree verwenden und Zimt durch gemahlenen Koriander ersetzen. Im Herbst verwendest du Kürbis und im Winter Knollensellerie statt der Möhren und ersetzt den Zimt durch gemahlenen Koriander und ½ TL Kurkuma.

Deutsches Obst & Gemüse

SAISONKALENDER DER BVEO

OBST

ÄPFEL
1 2 3 4 5 6 7 8 9 10 11 12

APRIKOSEN
1 2 3 4 5 6 7 8 9 10 11 12

BIRNEN
1 2 3 4 5 6 7 8 9 10 11 12

BROMBEEREN
1 2 3 4 5 6 7 8 9 10 11 12

ERDBEEREN
1 2 3 4 5 6 7 8 9 10 11 12

HEIDELBEEREN
1 2 3 4 5 6 7 8 9 10 11 12

HIMBEEREN
1 2 3 4 5 6 7 8 9 10 11 12

JOHANNISBEEREN
1 2 3 4 5 6 7 8 9 10 11 12

MIRABELLEN & RENEKLODEN
1 2 3 4 5 6 7 8 9 10 11 12

PFLAUMEN & ZWETSCHGEN
1 2 3 4 5 6 7 8 9 10 11 12

STACHELBEEREN
1 2 3 4 5 6 7 8 9 10 11 12

SÜSSKIRSCHEN
1 2 3 4 5 6 7 8 9 10 11 12

GEMÜSE

BLUMENKOHL
1 2 3 4 5 6 7 8 9 10 11 12

BUSCHBOHNEN
1 2 3 4 5 6 7 8 9 10 11 12

DICKE BOHNEN
1 2 3 4 5 6 7 8 9 10 11 12

STANGENBOHNEN
1 2 3 4 5 6 7 8 9 10 11 12

BROKKOLI
1 2 3 4 5 6 7 8 9 10 11 12

CHAMPIGNONS
1 2 3 4 5 6 7 8 9 10 11 12

CHICORÉE
1 2 3 4 5 6 7 8 9 10 11 12

CHINAKOHL
1 2 3 4 5 6 7 8 9 10 11 12

ERBSEN
1 2 3 4 5 6 7 8 9 10 11 12

FELDSALAT
1 2 3 4 5 6 7 8 9 10 11 12

FENCHEL
1 2 3 4 5 6 7 8 9 10 11 12

FRÜHLINGSZWIEBELN
1 2 3 4 5 6 7 8 9 10 11 12

GRÜNKOHL
1 2 3 4 5 6 7 8 9 10 11 12

KARTOFFELN
1 2 3 4 5 6 7 8 9 10 11 12

KOHLRABI
1 2 3 4 5 6 7 8 9 10 11 12

KRÄUTER
1 2 3 4 5 6 7 8 9 10 11 12

KÜRBIS
1 2 3 4 5 6 7 8 9 10 11 12

LAUCH/PORREE
1 2 3 4 5 6 7 8 9 10 11 12

MAIRÜBEN
1 2 3 4 5 6 7 8 9 10 11 12

MANGOLD
1 2 3 4 5 6 7 8 9 10 11 12

MÖHREN
1 2 3 4 5 6 7 8 9 10 11 12

PAK-CHOI
1 2 3 4 5 6 7 8 9 10 11 12

PAPRIKA
1 2 3 4 5 6 7 8 9 10 11 12

PASTINAKE
1 2 3 4 5 6 7 8 9 10 11 12

PETERSILIENWURZELN
1 2 3 4 5 6 7 8 9 10 11 12

RADIESCHEN
1 2 3 4 5 6 7 8 9 10 11 12

RETTICH
1 2 3 4 5 6 7 8 9 10 11 12

RHABARBER
1 2 3 4 5 6 7 8 9 10 11 12

ROSENKOHL
1 2 3 4 5 6 7 8 9 10 11 12

ROTE BETE
1 2 3 4 5 6 7 8 9 10 11 12

ROTKOHL
1 2 3 4 5 6 7 8 9 10 11 12

RUCOLA
1 2 3 4 5 6 7 8 9 10 11 12

SALATE*
1 2 3 4 5 6 7 8 9 10 11 12

SALATGURKE
1 2 3 4 5 6 7 8 9 10 11 12

**SCHWARZER
WINTERRETTICH**
1 2 3 4 5 6 7 8 9 10 11 12

SCHWARZWURZELN
1 2 3 4 5 6 7 8 9 10 11 12

SELLERIEKNOLLEN
1 2 3 4 5 6 7 8 9 10 11 12

STANGENSELLERIE
1 2 3 4 5 6 7 8 9 10 11 12

SPARGEL
1 2 3 4 5 6 7 8 9 10 11 12

SPINAT
1 2 3 4 5 6 7 8 9 10 11 12

SPITZKOHL
1 2 3 4 5 6 7 8 9 10 11 12

STECKRÜBE
1 2 3 4 5 6 7 8 9 10 11 12

TOMATEN
1 2 3 4 5 6 7 8 9 10 11 12

WEISSKOHL
1 2 3 4 5 6 7 8 9 10 11 12

WIRSING
1 2 3 4 5 6 7 8 9 10 11 12

ZUCCHINI
1 2 3 4 5 6 7 8 9 10 11 12

ZUCKERMAIS
1 2 3 4 5 6 7 8 9 10 11 12

ZWIEBELN
1 2 3 4 5 6 7 8 9 10 11 12

GEMÜSE

 HAUPTSAISON  NEBENSAISON

Register

HONIG
Frühlings-Pasta mit Radicchio und Walnüssen	95
Rohkostkuchen aus Trester	62
Sauerteig-Fladenbrot mit Camembert und süß-sauer eingelegten Mangoldstielen	48

INGWER
Brokkoli-Radieschen-Suppe mit Möhren-Linsen-Püree	96
Bunter Süßkartoffel-Reis	39
Grünkohl-Curry mit Kichererbsen	27

KARTOFFELN
Kartoffel-Tascherl mit Erdbeer-Rhabarber-Füllung	51
Protein-Bliss-Bowl	14

KICHERERBSEN
Grünkohl-Curry mit Kichererbsen	27
Happy Kräuter-Hummus	40
Kurkuma-Blumenkohlreis mit gerösteten Kichererbsen, Granatapfel und Pistazien-Dukkah	70
Protein-Bliss-Bowl	14

KNOLLENSELLERIE
Bratlinge aus Suppengemüse	61
Gemüsebrühe aus Gemüseresten	58

KOKOSJOGHURT
Kurkuma-Blumenkohlreis mit gerösteten Kichererbsen, Granatapfel und Pistazien-Dukkah	70

KOKOSMILCH
Grünkohl-Curry mit Kichererbsen	27

LAUCH
Bratlinge aus Suppengemüse	61
Gemüsebrühe aus Gemüseresten	58

LIMETTE
Bunter Süßkartoffel-Reis	39
Gesunder No-Bake-Cheesecake mit Erdbeeren	28
Grünkohl-Curry mit Kichererbsen	27
Kurkuma-Blumenkohlreis mit gerösteten Kichererbsen, Granatapfel und Pistazien-Dukkah	70
Rosen-Reispudding	73

LINSEN
Berglinsen-Spieße mit Walnüssen auf gerösteten Rosmarintomaten	80
Brokkoli-Radieschen-Suppe mit Möhren-Linsen-Püree	96

MANDELMUS
Apple-Pie-Granola mit viel Zimt	36
Rohkostkuchen aus Trester	62

MANGOLD
Sauerteig-Fladenbrot mit Camembert und süß-sauer eingelegten Mangoldstielen	48

MARILLEN
Marillentarte mit Dinkelvollkornmehl	84

MILCHREIS
Rosen-Reispudding	73

MÖHRE
Gemüsebrühe aus Gemüseresten	58
Bratlinge aus Suppengemüse	61
Brokkoli-Radieschen-Suppe mit Möhren-Linsen-Püree	96

NÜSSE UND KERNE
Apple-Pie-Granola mit viel Zimt	36
Berglinsen-Spieße mit Walnüssen auf gerösteten Rosmarintomaten	80
Bunter Süßkartoffel-Reis	39
Frühlings-Pasta mit Radicchio und Walnüssen	95
Gesunder No-Bake-Cheesecake mit Erdbeeren	28
Hirse-Porridge mit Erdbeerkompott	24
Kurkuma-Blumenkohlreis mit gerösteten Kichererbsen, Granatapfel und Pistazien-Dukkah	70
Rohkostkuchen aus Trester	62

PASTINAKE
Bratlinge aus Suppengemüse	61
Gemüsebrühe aus Gemüseresten	58

PETERSILIENWURZEL
Gemüsebrühe aus Gemüseresten	58
Bratlinge aus Suppengemüse	61

Über die Initiative

Es gibt 1000 gute Gründe, das Leben mit Blumen, Pflanzen, Obst und Gemüse einfach schöner zu machen. Genau die haben uns 2015 dazu bewogen, mit unserer generischen Initiative mehr Frische, Farbe, Natürlichkeit, Kreativität und Geschmack unter die Menschen zu bringen. Mit kreativen DIY-Ideen und -Styles zeigen wir Euch online über unsere Kanäle auf Instagram und Facebook, aber auch auf der Straße und bei Events, was Ihr mit Blumen und Pflanzen alles machen könnt – im Garten, als Dekoration oder Schmuck. Und mit leckeren und gesunden neue Rezepten und Food-Trends aus der Ideenküche zum Selbermachen und Nachkochen wecken wir Euren Appetit auf frische Gerichte mit reichlich Obst und Gemüse. Dazu arbeiten wir immer wieder mit neuen kreativen Bloggern und Influencern zusammen, die wie wir gar nicht genug von frischen Produkten bekommen können. Schließlich wissen sie genauso gut wie wir: Es gibt 1000 gute Gründe für mehr Blumen und Pflanzen sowie Obst und Gemüse im Leben.

1000 GUTE GRÜNDE -
von Landgard ins Leben gerufen

Landgard mit Sitz in Straelen am Niederrhein ist eine der größten europäischen Vermarktungsorganisationen für Blumen und Pflanzen sowie für Obst und Gemüse. Als Erzeugergenossenschaft gehört Landgard zu 100 % den rund 3.000 Erzeugerbetrieben. Die Produkte werden von den angeschlossenen Mitgliedern liebevoll angebaut, geerntet und täglich frisch an Landgard geliefert.

1000gutegruende
1000gutegruendefuerobstundgemuese

1000gutegruende
1000gutegruende_obst_gemuese

Bildnachweise:

Wenn nicht anders angegeben, wurden die Bilder vom jeweiligen Autor des Beitrags erstellt.

Portrait Jana (S. 88, 89): Martin Dächsel

Portrait Denise (S.32): Amanda Dahms

Portrait Adaeze (Umschlag, S. 18-23): Maria Schiffer

Portrait Annelina (Umschlag): Hannah Müller-Hillebrand, (S. 10, 15): Laura Grosch, (S. 12): Fedor Holz, (S. 13): Lily Bognuda, (S. 16): DomQuichotte

5 4 3 2 1 26 25 24 23 22

ISBN 978-3-88117-274-5

Idee und Konzept: Initiative „1000 gute Gründe" & PRACHTSTERN GmbH

Projektleitung: Landgard Service GmbH | Initiative „1000 gute Gründe": Michael Hermes, Nina Keune, Elena May

Lektorat: Hafentexterei: Mareike Bartholomäus

Layout u. Satz: Landgard Service GmbH: Lisa Fortuin

Litho: FSM Premedia GmbH & Co. KG, Münster

www.hoelker-verlag.de